FRANK RICHTER
HÖRT ENDLICH ZU!

Das Buch

Der Theologe Frank Richter war einer der maßgeblichen Akteure der Friedlichen Revolution in der DDR. Auch im wiedervereinigten Deutschland wurde er bekannt als Vermittler zwischen verhärteten Fronten. Seit die PEGIDA-Bewegung 2014 Dresden, Sachsen und Deutschland spaltete, setzt er sich für Gespräche mit den Unterstützern der Bewegung ein. Seine Streitschrift vermittelt, dass und wie die Spirale der Eskalation nur durch Kommunikation angehalten werden kann. Das allgemein verbreitete Unvermögen, der Gegenseite zuzuhören, tragfähige Kompromisse auszuhandeln und sich am Gemeinwohl zu orientieren, führt deutschlandweit zu neuen Spaltungen. 2017 zog mit der AfD erstmals eine rechtspopulistische Partei in den Bundestag ein. In Sachsen wurde sie zur stärksten politischen Kraft. Die Folgen davon gehen alle an und sind noch nicht absehbar. Richter erklärt das Erstarken der Rechten in den »neuen Bundesländern«, indem er eigene Erfahrungen über den Dialog mit den »Wutbürgern« einbringt. Wut kann zur konstruktiven Kraft werden, die von blindem Hass zu unterscheiden ist. Richter zeigt, worauf es ankommt: konzentriert zuhören. Keine Angst vor Konflikten. Offen für Emotionen. Die Demokratie verteidigen.

Der Autor

Frank Richter, geboren 1960 in Meißen, ist ein deutscher Theologe. Seit Februar 2017 ist er Geschäftsführer der Stiftung Frauenkirche in Dresden. In der Friedlichen Revolution in der DDR wurde er als Gründer der Gruppe der 20 in Dresden bekannt. Auf Vorschlag des sächsischen Kultusministeriums war Richter von 2009 bis Anfang 2017 Direktor der Sächsischen Landeszentrale für politische Bildung.

FRANK RICHTER

HÖRT ENDLICH ZU!

WEIL DEMOKRATIE AUSEINANDERSETZUNG BEDEUTET

Ullstein

Inhalt

Kommunikation kann schiefgehen.
Nicht-Kommunikation wird schiefgehen.

Frank Richter

Deutschland 2018,
eine politische Lagebeschreibung

Die Bundesrepublik durchlebt schwierige Zeiten: In einer der vermeintlich stabilsten Demokratien der Welt sind die Bürger verunsichert darüber, ob und wann eine neue Regierung gebildet wird und wie lange diese sich halten kann. Große Teile der Bevölkerung haben das Vertrauen in die Politik verloren. Sie sind seit Langem davon überzeugt, dass es in der Gesellschaft ungerecht zugeht. Sie fühlen sich von der Politik nicht mehr vertreten und nicht mehr geschützt. Sie wählen den Protest. Der Staat erscheint ihnen ohnmächtig. Selbst dann, wenn Politiker vom Wahlvolk mehrheitlich gewählt und als dessen Repräsentanten in den Bundestag und in die Landtage geschickt werden, entsteht der Eindruck, dass sie dort kaum etwas bewirken können. »In Wirklichkeit regiert nicht die Regierung. In Wirklichkeit regieren die Konzerne und das Finanzkapital«, lautete der im Zusammenhang der zahlreichen Debatten pro und kontra PEGIDA[1] am häufigsten vorgetragene Vorwurf. »Warum sollen wir wählen gehen? Am Ende setzen sich ja doch die Lobbyisten durch.« Angela Merkels Formulierungen von einer »alternativlosen Politik«[2] und einer »marktkonformen Demokratie«[3] haben sich tief ins kollektive Bewusstsein der Deutschen eingebrannt. Der Verdacht, dass die Gewählten mehrheitlich korrupt sind, dass sie die Macht nur anstreben, um sich selbst zu bereichern, folgt auf dem Fuße. Dass prominenten Spitzenpolitikern exorbitant hoch dotierte Gesellschafter- und Aufsichtsratsposten angeboten werden, dass sie diese freudestrahlend annehmen, ohne moralische Skrupel und ohne einen nennenswerten zeitlichen Ab-

7

stand zum Ausscheiden aus ihrem politischen Amt, erhärtet den Verdacht. Er wirkt sich rückwirkend negativ auf das aus, was dieselben Politiker vorher getan haben. Er wirft dunkle Schatten auf die Glaubwürdigkeit der Gesamtheit der politischen Akteure. Der Vorwurf, Politiker seien nicht mehr Gestalter, sondern lediglich Verwalter der öffentlichen Angelegenheiten, ist längst abgelöst von noch viel härteren Vorwürfen: Politiker tun nur so, als interessiere sie das Wohl und Wehe des Landes. Sie sind Spieler, solange die Gage stimmt. Politiker sind Simulanten demokratischer Meinungs- und Willensbildungsprozesse. So gewinnen einfache, alte und populistische Positionen neue Überzeugungskraft: »Geld regiert die Welt.« »Die da oben machen sowieso, was sie wollen.« »Wir leben in einer Gesellschaft des Anscheins und des Geldscheins.« »Die ganze sogenannte Demokratie ist ein einziges großes Theater, das aufgeführt wird, um das Volk für dumm zu verkaufen und davon abzuhalten, hinter die Kulissen zu schauen.«

Und als ob diese Vorwürfe nicht schon schlimm genug und für sich genommen nicht ausreichend wären, um eine Generaldebatte über die politische Lage zu führen, kommt noch ein weiterer Vorwurf hinzu: der des Staatsversagens. Er bezieht sich zunächst auf die chaotischen Zustände an den Grenzen der Bundesrepublik im Sommer 2015. Hunderttausende Menschen kamen ins Land, darunter Zehntausende, die von den deutschen Behörden weder namentlich erfasst noch hinsichtlich ihres Einreisegrundes ausreichend überprüft wurden. Die Anfang September 2015 getroffene Entscheidung der Bundeskanzlerin, die Grenzen für Flüchtlinge zu öffnen, erschien anfänglich als eine humanitär gut begründete, von vielen mitgetragene Ausnahmeentscheidung. Als die ungeordnete Zureise von mehreren Hunderttausenden Flüchtlingen monatelang anhielt, lud sich die Stimmung in der Gesellschaft emotional auf und drohte, sowohl in moralischer als auch in politischer Hinsicht zu eskalieren. In der Bevölkerung entwickelten sich starke Zweifel an der Handlungsfähigkeit des Staates, an der Funktionstüchtigkeit der Verwaltung und an den politischen Einflussmöglichkeiten der Parlamente. Ihr eigener Staat erschien vielen wie eine Bananenrepublik, und der vorläufige Tiefpunkt der politischen Kultur war erreicht. Die Tatsache, dass schon lange vor 2015 öffentliche Angelegenheiten vernachlässigt worden und staatliche Aufgaben unerledigt geblieben waren, geriet zeitweise aus dem Blick. Inzwischen ist dies wieder deutlich zutage getreten: In weiten Teilen der Republik, insbesondere im ländlichen Raum, fehlt es an Lehrern, Polizisten, Ärzten, Justizvollzugsbeamten und Juristen – also an genau dem Personal, das ein Staat seinem Volk schon allein zum Erhalt der inneren Ordnung bereitstellen muss. Während verkehrstechnische Prestigeprojekte Milliarden verschlingen, ist die Infrastruktur vielerorts marode und dringend sanierungsbedürftig. Die föderale Struktur des Staates belastet die notwendigen Vereinheitlichungen im Bildungswesen so sehr, dass es vielen Eltern die Zornesröte ins Gesicht treibt. Das Kooperationsverbot zwischen dem Bund und den Ländern im Bildungswesen ist der augenfälligste Ausdruck einer unzeitgemäßen Kleinstaaterei. Derselbe Staat, der das Recht der Bürger auf Bildung äußerst kurzschlüssig ummünzt in eine allgemeine Schulpflicht, zeigt sich zunehmend unfähig, deren Erfüllung im selbst vorgegebenen Umfang und nach den selbst beschlossenen Lehrplänen zu ermöglichen. Im Freistaat Sachsen sprangen in den vergangenen Monaten häufig Eltern ein, um wenigstens die gesetzliche Aufsichtspflicht im Schulalltag zu erfüllen. Quereinsteiger ohne pädagogische Qualifikation, wie sie derzeit zur Absicherung der Unterrichtsversorgung eingesetzt werden, gab es als sogenannte Neulehrer in vergleichbaren Größenordnungen das letzte Mal kurz nach Ende des Zweiten Weltkrieges.

»Deutschland geht es gut« – diese im Bundestagswahlkampf 2017 von den Regierungsparteien bis zum Überdruss beanspruchte Behauptung klingt in den Ohren von überlasteten Hausärzten und Pflegekräften wie blanker Zynismus. Wie mag sie in den Ohren der ungezählten vernachlässigten und unterversorgten pflegebedürftigen Alten klingen? Die demografische Entwicklung spricht seit Jahren eine deutliche Sprache: Die deutschte Gesellschaft wird durchschnittlich immer älter. Seit Jahrzehnten werden weniger Kinder geboren, als es für den Erhalt einer stabilen Altersstruktur notwendig wäre. Selbst die elementaren staatlichen Aufgaben der Daseinsfürsorge werden künftig nur dank qualifizierter Zuwanderer aufrechterhalten. Dennoch liegt ein einheitliches Zuwanderungsgesetz seit vielen Jahren auf Eis. Wahrscheinlich bedarf es erst des Aufschreis der deutschen Wirtschaft, die händeringend nach Fachkräften sucht, um ihren kontinuierlichen Wachstumskurs beibehalten zu können. Nebenbei produziert der Exportweltmeister Deutschland Altersarmut und Kinderarmut (Letztere übrigens in jedem Sinne des Wortes). Die Unterschiede zwischen den Einkommen und den Vermögen der Menschen in Deutschland sind im Vergleich der Industrieländer beschämend groß.

Die Aufzählung von eklatanten Mängeln und staatlichen Fehlleistungen könnte fortgesetzt werden. Sie stehen im ursächlichen Zusammenhang mit einer Politik, die seit Jahren offenkundig darauf ausgerichtet ist, dem Staat immer mehr Aufgaben zu versagen und sie dem privatwirtschaftlichen Bereich zuzuweisen. Diese Art von Politik räumt den Prinzipien des Wettbewerbs und der Konkurrenz seit Jahren den Vorzug vor den Prinzipien der Solidarität und des Ausgleichs ein. Das führt zu einem Auseinanderdriften der Gesellschaft, manche sagen, zu ihrer Spaltung. Sie führt zu einem tiefgehenden Vertrauensverlust der Menschen zu ihrer Regierung, der sich zu einer realen Gefahr für die Demokratie ausweiten kann.

Aber, so werden viele einwenden, ist das nicht Schwarzmalerei? Wenn wirklich alles so schlimm ist, warum machen sich dann Millionen von Menschen aus den zahlreichen Kriegs- und Krisengebieten der Erde ausgerechnet auf den Weg nach Deutschland? Warum erwarten sie gerade hier, in diesem Land, menschlich behandelt und von einem funktionierenden Sozialsystem aufgefangen zu werden? Warum ist die Bundesrepublik ein im europäischen und weltweiten Vergleich anerkannter, stabiler und geschätzter Staat?

In der Tat: Vor der Klammer dessen, was an Defiziten und Verwerfungen benannt werden muss, steht noch immer ein großes Plus. Die freiheitliche demokratische Grundordnung der Bundesrepublik ist die beste Ordnung, die Deutschland je hatte. Sie war bisher flexibel genug, tiefgreifende gesellschaftliche Veränderungen aufzunehmen, und stabil genug, schweren politischen Erschütterungen standzuhalten. Die Ordnung unseres Staates und die demokratische Verfasstheit des Gemeinwesens sind im Großen und Ganzen in Ordnung. Es wäre falsch und ungerecht, dies zu ignorieren. Aber auch für eine auf allen Ebenen funktionierende und scheinbar stabile Demokratie gibt es keinerlei Garantie. Bei einem unreflektierten »Weiter so!« könnte sich das Plus vor der Klammer in ein Minus verwandeln.

Ich wurde 1960 in Meißen geboren und bin insofern ein »Kind der DDR«. Aus unterschiedlichen Gründen habe ich die gesellschaftliche und politische Ordnung des sozialistischen Staates immer abgelehnt. Die die DDR begründende gesellschaftliche und politische Ordnung war untauglich, auf Dauer einen »Staat zu machen«, geschweige denn die Gesellschaft, die Wirtschaft und die Kultur nachhaltig am Leben zu halten und zu erneuern. Zehntausende Menschen liefen der DDR davon. Hunderttausende rebellierten gegen sie. Es ist gut, dass es die DDR nicht mehr gibt. Ich selbst konnte in bescheidenem Maße mithelfen, die autoritäre, in Teilen totalitäre, repressive und menschenverachtende Ordnung der DDR entschieden und erfolgreich zu bekämpfen. Ich habe mich über ihren Untergang gefreut. Ich durfte erleben, wie intelligente und verantwortungsbewusst handelnde Menschen trotz und innerhalb einer schlechten und prinzipiell untauglichen Ordnung vernünftige, gute und wertvolle Dinge zustande brachten. Man denke an die vielfältigen und bis heute international anerkannten Werke der Musik, der Malerei, der darstellenden Kunst und der Literatur, an den Fleiß und die wirtschaftliche Effektivität jenseits der offiziellen sozialistischen Planwirtschaft oder an die Aktivitäten der evangelischen und katholischen Kirchgemeinden, die sich nach einem basisdemokratischen Prozess im Frühjahr 1989 in einem Grundsatzpapier[4] von bemerkenswerter inhaltlicher Durchdringungstiefe zu den Themen »Gerechtigkeit, Frieden und Bewahrung der Schöpfung« öffentlich erklärt und damit der Friedlichen Revolution geistige Nahrung gegeben haben.

Wenn Menschen auch unter schlechten Ordnungen sinnvolle, bleibende Dinge zustande bringen, nützt auch die beste gesellschaftliche und politische Ordnung nichts, wenn diese nicht angenommen, nicht mit Leben gefüllt oder ausschließlich dafür ausgenutzt wird, die eigenen Interesses ohne Rücksicht aufs Gemeinwohl durchzusetzen. Eine gute politische und gesellschaftliche Ordnung zu haben bedeutet noch lange nicht, in einer guten Gesellschaft zu leben. Ich bin geneigt, das Gegenteil zu behaupten: Je besser die politische und gesellschaftliche Ordnung ist, desto stärker stehen wir Menschen in der Versuchung, uns auf diese Ordnung zu verlassen, es uns bequem zu machen, die Ordnung in egoistischer Manier allein auf uns selbst zu beziehen und ihren Sinn zu pervertieren. Auch Politiker sind Menschen. Obwohl oder gerade weil wir von ihnen erwarten, eine gesellschaftliche Vorbildfunktion zu erfüllen, sollten wir uns vor pauschaler Politikerschelte hüten. Pauschalisierungen entwerten die Kritik nicht nur deshalb, weil sie in einzelnen Fällen ungerechtfertigt sind. Sie sind wohlfeil und führen zu einer nicht zu akzeptierenden Exkulpation der Bürgerinnen und Bürger. In der Demokratie ist jede einzelne Person in Hinblick auf ihre politische Funktion austauschbar. Nur einer nicht: der Bürger. Er kann sich nicht davon freisprechen, nach der gegebenen Ordnung Träger der politischen Meinungs- und Willensbildung zu sein. Natürlich nicht als Einzelner. Als solcher kann er wenig ausrichten. Als Einzelner scheint er verloren angesichts der Übermacht mächtiger Lobbyverbände und Meinungskartelle. Doch wenn er sich mit anderen verbündet und Öffentlichkeit herstellt, kann er sehr wohl politischen Druck erzeugen. Und er kann wählen! Das Kurt Tucholsky zugeschriebene und in der politischen Satire beliebte Bonmot »Wenn Wahlen etwas verändern würden, wären sie schon längst verboten« trifft zwar die Stimmungslage vieler Menschen. Es ist dennoch schlicht falsch. Man muss sich nur die von der Alternative für Deutschland (AfD) ausgelösten Veränderungen der politischen Diskurslage vor Augen halten. Sie hat die Parlamente längst erreicht. Selbst diejenigen Bürger, die wählen dürfen, aber nicht wählen gehen (bei der Wahl zum Bundestag 2017 lag der Anteil der Nichtwähler bei 23,8 Prozent), wählen indirekt mit. Sie sind beteiligt an der Entscheidung, in welche politische Richtung es geht. Nicht abgegebene Stimmen werden den abgegebenen Stimmen gleichmäßig zugeschlagen und können unter bestimmten Umständen dazu führen, dass eine Partei, die von sich aus die 5-Prozent-Hürde verfehlt hätte, ins Parlament einzieht. Es gilt: Wer nicht wählt, wird auch regiert.

Die Zuschreibung der Verantwortung für alle unsere Demokratie gefährdenden Entwicklungen sollte also differenziert erfolgen. Das fordert auch die Tatsache, dass es verschiedene Entwicklungen gibt, die nicht leicht auseinanderzuhalten und noch schwerer politisch zu beherrschen sind. Niemand kann es leugnen: Die Welt ist in den vergangenen Jahrzehnten in einem atemberaubenden Tempo und im Prinzip für all ihre Bewohner einerseits kleiner und überschaubarer, andererseits undurchsichtiger und unsicherer geworden. Man könnte auf den Gedanken kommen, die Menschheit befinde sich mitten in einem Epochenwandel, der dem am Anfang des 16. Jahrhunderts einsetzenden an Tiefe und Breite in nichts nachsteht und der sich im Unterschied zur Ablösung des Mittelalters durch die Neuzeit ungleich schneller abspielt und mit sehr viel härteren Verwerfungen verbunden ist. Schon dann, wenn man nur ausgewählte Entwicklungen benennt, wird das Ausmaß der Veränderungen deutlich:

- der Zusammenbruch des sowjetischen Imperiums,
- die zunehmende Enthemmung der US-amerikanischen Weltmachtpolitik,
- der Ausbruch zahlreicher neuer, mit konventionellen Waffen geführter Kriege,
- die Isolierung Russlands vom westlichen Europa und die Gefahr einer militärischen Eskalation an der Grenze zwischen Russland und der NATO,
- die fortschreitende Klimaerwärmung,
- der die natürlichen Lebensgrundlagen der Menschheit gefährdende aggressive Kapitalismus, insbesondere der chinesische Staatskapitalismus,
- die zunehmend als extrem ungerecht empfundenen und erkannten ungleichen Vermögens- und Einkommensverhältnisse und ungleichen Bildungschancen,

- die gegenläufigen Bevölkerungsentwicklungen in Europa, Afrika und auf anderen Kontinenten,
- das zunehmende Wohlstandsgefälle zwischen Nord und Süd, West und Ost,
- die Abkopplung der Finanzmärkte von der Realwirtschaft und der politische Kontrollverlust,
- die sozialen Erschütterungen, die durch die zig Millionen auf der Flucht aus ihrer Heimat befindlichen Menschen sowohl in deren Herkunfts- als auch in den Ankunftsländern entstehen,
- die rasante Beschleunigung der weltweiten Informationsübermittlung samt der mit ihr verbundenen Durchleuchtung der individuellen Lebenswelten,
- die zunehmende Digitalisierung der Arbeit, die sich in ihren Auswirkungen auf die Lebens- und Arbeitsverhältnisse wie eine neue industrielle Revolution darstellt.

Es sind sich überlagernde Entwicklungen mit globalen, internationalen, nationalen, regionalen und lokalen Auswirkungen. Diese Auswirkungen unterscheiden sich auf den verschiedenen Ebenen in ihrer Intensität, nicht aber in ihrer Substanz. Im Kern betreffen sie uns alle. Schon lange nicht mehr haben so viele Menschen wie jetzt davon gesprochen, Angst vor Krieg und unkontrollierbaren politischen Entwicklungen zu haben. In gewisser Weise ist die Welt des 21. Jahrhunderts wie ein Dorf. Weil die genannten Entwicklungen vom Menschen gemacht sind, steht die Politik in der Verantwortung. Weil sie auf verschiedenen Ebenen verursacht und ausgelöst wurden, dürfen Politiker allerdings weder in toto noch pro toto zu Schuldigen erklärt werden. Das Knäuel ist nicht leicht aufzulösen. Auch sollte verhindert werden, dass einer versucht, den gordischen Knoten durchzuschlagen. Da es nicht ein einzelner Zauberlehrling war, sondern viele Zauberlehrlinge gleichzeitig ans Werk gegangen sind und eine Flut von Problemen ausgelöst haben, hilft auch nicht ein einzelner Hexenmeister, diese wieder einzudämmen. Das derzeit beliebte Schwarzer-Peter-Spiel, bei dem die eine politische Ebene die Verantwortung der jeweils anderen politischen Ebene zuschiebt, löst selbst bei verständigen Zuschauern Frustration und Empörung aus. Wenn die zu bewältigenden Probleme den Staat und die Gesellschaft im Ganzen betreffen, dann existiert eine gesamtstaatliche Verantwortung. Dann haben die dem Gemeinwohl verpflichteten Politiker die Aufgabe, sich kooperativ zu verhalten und parteiische Interessen hintanzustellen. Wenn die zu bewältigenden Probleme alle Staaten und Gesellschaften in Europa betreffen, dann haben alle Politiker, die sich der Idee der europäischen Verständigung verpflichtet wissen, die Aufgabe, nationale Interessen hintanzustellen. Probleme, die das Überleben der Menschheit infrage stellen, schreien nach einer effektiven Weltinnenpolitik, nach einer ordnenden, kohärenten, Übersichtlichkeit und Sicherheit gebenden Politik, nach einer, die sich konsequent auf die Charta der Menschenrechte verpflichtet. Sie wäre ein gewaltiger Entwicklungssprung der menschlichen Zivilisation und ein notwendiger zugleich.

Aus dem Mund von Jürgen Opitz, dem Stadtoberhaupt von Heidenau in Sachsen, habe ich den folgenden Satz zum ersten Mal gehört: »Der Bürgermeister steht am Ende der Fresskette.« Was er gemeint haben mag, ist einfach zu verstehen: Ich bin nicht verantwortlich für die Kriege in Syrien und im Irak. Ich bin nicht verantwortlich für deutsche Waffenexporte an Saudi-Arabien. Ich bin nicht dafür verantwortlich, dass man sich in Brüssel nicht einigen kann über eine ausgewogene Verteilung von Flüchtlingen. Ich bin nicht verantwortlich für die unkontrollierte Zuwanderung von Zehntausenden Menschen. Ich bin nicht verantwortlich dafür, dass sich rechtsextremistisches Gedankengut über Jahre hinweg ausbreiten konnte und die tatsächlich Verantwortlichen in der Landespolitik mehrheitlich wegschauten. Ich bin nicht verantwortlich für die unkoordinierte Zuweisungspraxis und die miserable Informationspolitik der übergeordneten Behörden. Ich bin der Bürgermeister einer kleinen Stadt, der heute erfährt, dass morgen Hunderte Flüchtlinge zu empfangen, menschenwürdig unterzubringen, zu versorgen und gesundheitlich zu betreuen sind. Ich weiß wenig über die Vielschichtigkeit dieser Aufgabe. Ich weiß, dass ich sie lösen muss und – für den Fall, dass etwas schiefgeht – als erste Zielscheibe der Kritik herhalten muss.

Jürgen Opitz war Bürgermeister, bevor Angela Merkel eine Unterkunft für Asylsuchende in seiner Stadt besuchte. Er blieb es, als sie nach einer guten Stunde in die Dienstlimousine stieg und davonfuhr. Jürgen Opitz war Bürgermeister von Heidenau, bevor Sigmar Gabriel pöbelnde Protestierer vor derselben Asylunterkunft öffentlich als Pack bezeichnete, und blieb es auch danach. Bürgermeister Opitz mag als Beispiel dafür dienen, dass es auf allen politischen Ebenen – vor allem aber wohl auf der kommunalen – kluge, verantwortungsvolle und fleißige Politiker gibt, die im Rahmen ihrer Möglichkeiten und Zuständigkeiten dem Gemeinwohl dienen und unser Vertrauen verdienen. Die Ereignisse im Sommer 2015 in Heidenau[5] und anderen deutschen Städten sind gleichwohl Beispiele dafür, dass die Überlagerung problematischer Entwicklungen an einem vorher nicht zu bestimmenden Ort und zu einem vorher nicht zu bestimmenden Zeitpunkt kulminieren, eskalieren und sich in Gewalt entladen können.

Mit Erschrecken und Abscheu erleben wir immer wieder aufs Neue, dass viele Politiker (und Bürger!) ihr Handeln ausschließlich beziehungsweise vorrangig an der persönlichen Karriere und am Interesse der eigenen Partei ausrichten, dass sie das Gemeinwohl hintanstellen oder dieses, schlichten Gemüts, gar nicht als ein eigenes, übergeordnetes politisches Ziel verstehen, sondern es als die Summe der verschiedenen Einzelinteressen missverstehen. (Konsequent nach dem Motto: Wenn jeder an sich denkt, ist an alle gedacht.) Wir mussten erleben, wie das von Michail Gorbatschow schon Ende der Achtzigerjahre des vergangenen Jahrhunderts – also noch in den Zeiten des Kalten Krieges – ins öffentliche Bewusstsein gehobene Ziel vom »gemeinsamen Haus Europa« zwar anfangs begrüßt und gefeiert, danach aber rasch verdrängt und unterdrückt wurde. Inzwischen wurde es im Widerstreit nationaler Interessen beerdigt. Wir können aktuell nicht damit rechnen, dass der Entwicklungssprung der menschlichen Zivilisation hinauf zu einer Weltinnenpolitik, die diesen Namen verdienen würde, gelingt. Im Gegenteil: Die divergierenden Kräfte erstarken und schreiten voran. Ist aus dem »America first!« des Donald Trump nicht schon längst ein »America only!« geworden? Wie lange braucht es noch, bis aus dem von der AfD propagierten »Deutschland zuerst!« und dem von André Poggenburg[6] geforderten »Deutschland den Deutschen!«[7] ein »Deutschland über alles!« wird? Viele Menschen suchen Sicherheit und Übersichtlichkeit in der Errichtung neuer (und alter) Grenzen. Viele sehen in diesen Grenzen die einzige Möglichkeit, ihren oft bescheidenen Wohlstand, ihre kulturelle Identität und den inneren gesellschaftlichen Frieden zu verteidigen. Nicht wenige von ihnen sind zur Erreichung dieser Ziele bereit, zivilisatorische und demokratische Prinzipien zu verwässern oder aufzugeben. Nichts Geringeres steht auf dem Spiel als die offene Gesellschaft und das auf die Menschenrechte verpflichtete, demokratisch verfasste Gemeinwesen.

Das Verhängnis einer optischen Täuschung

Es war am Abend des 10. November 2014. Die Sächsische Landeszentrale für politische Bildung, deren Direktor ich zum damaligen Zeitpunkt war, hatte Rupert Neudeck eingeladen. Er beteiligte sich an einer öffentlichen Diskussion. Und es war wie immer: Er, der Begründer von Cap Anamur, dieser großartige Mensch, brachte die notwendige Würze ins Gespräch. Er blieb bescheiden, zurückhaltend, relativierend. Jeder Mensch, so Neudeck, auch der, der über keinen Zugang zu religiösen Ideen und Emotionen verfüge, besitze eine ihm innewohnende Vorstellung von dem, was Gut und Böse sei. In jedem Menschen wohne die Mitmenschlichkeit. Die radikale Humanität – eben das, was wir Menschen brauchen und seien – sei sowohl religiös als auch areligiös begründbar und vorhanden. Nach der Veranstaltung und einem gemeinsamen Essen im »Augustiner« an der Frauenkirche traten er und ich – wir befanden uns im Zentrum Dresdens – auf den Neumarkt und standen unvermittelt vor einer mehrere Tausend Menschen umfassenden Menge. Wir sahen Deutschlandfahnen. Wir hörten laute Rufe. Wir identifizierten leuchtende Punkte, die mit den in die Höhe gestreckten Armen kreisten – eingeschaltete Handys, die von Hunderten in den abendlichen Himmel gehalten wurden und mit ihrem Eigenlicht zirkulierende Bewegungen erzeugten. »Das ist ja wie im Nationalsozialismus«, entfuhr es Rupert Neudeck. »Das sind die gleichen Bilder. Das sind die gleichen Symbole.« Das sei der gleiche Irrtum wie damals. Das sei die verhängnisvolle Idee, sozialer Zusammenhalt ließe sich allein national organisieren, fügte er sinngemäß hinzu. Seine Worte beeindruckten mich. Rupert Neudeck gehört einer Generation an, die in der Lage ist, Vergleiche anzustellen auf der Grundlage eigener Erinnerungen. Als er sich von mir verabschiedet hatte, ging ich zu den Organisatoren der Demonstration. Ich fragte sie, was sie, was PEGIDA, die »Patriotischen Europäer gegen die Islamisierung des Abendlandes« unter »Abendland« verstünden. Die Antworten, die ich erhielt, blieben in ihrer Aussage äußerst bescheiden und diffus. Ich tappte in diesem Moment in die Falle der Phänomenologie, in eine Falle, in der im November 2014 viele landeten. Viele Politiker und viele Journalisten. Ich hielt die in Augenschein genommene Demonstration für eine rechtsextremistische Angelegenheit. Ich sah lauter Neonazis – diesmal in verändertem Outfit –, und ich täuschte mich![8] Ich übersah, dass sich Tausende Menschen aus sehr verschiedenen Gründen versammelt hatten. Ich übersah, dass sich unter ihnen viele befanden, die von ernsten politischen Problemen auf die Straße getrieben worden waren. Sicher, ein Teil der von der Bühne herab gehaltenen Reden hatte meinen ersten Verdacht bestätigt. Ich habe mich oft gefragt, ob sie nicht den Straftatbestand der Volksverhetzung erfüllten.

Vom November bis zum Dezember 2014 wuchsen die Demonstrationen kontinuierlich an. Montag für Montag zogen Zehntausende Menschen schweigend durch Dresden. Sie lehnten das Gespräch mit Vertretern der Medien und der Politik rigoros ab. Sie signalisierten, das Vertrauen ins »System« verloren zu haben. Am Scheitelpunkt PEGIDAS – am 12. Januar 2015 – waren es 25.000 Menschen. Damals befürchteten nicht nur ich, sondern viele Verantwortliche in der Politik, der Gesellschaft und der Kultur Dresdens eine zunehmende Radikalisierung und Gewaltbereitschaft. Sie waren sich einig, alles Mögliche versuchen zu müssen, um die trotzig Demonstrierenden zum Gespräch zu bewegen. Die pauschalen Beschimpfungen: »Neonazis in Nadelstreifen« (Ralf Jäger, Innenminister von NRW, am 11. 12. 2014),[9] »Komische Mischpoke« (Cem Özdemir, Bundesvorsitzender von Bündnis 90/Die Grünen, am 14. 12. 2014), »Schande für Deutschland« (Heiko Maas, Bundesjustizminister, am 15. 12. 2014) und »Hass in deren Herzen« (Angela Merkel, Bundeskanzlerin, am 1. 1. 2015) konterkarierten diese Versuche grandios. Sie wurden von den Organisatoren von PEGIDA dankbar entgegengenommen. Die kardiologische Ferndiagnose der Kanzlerin war besonders verhängnisvoll. Wer hat sie beraten? Eines hätte man doch wissen können und bedenken müssen: Im kollektiven Gedächtnis der Dresdner spielt der 19. Dezember 1989 eine herausragende Rolle. Bundeskanzler Helmut Kohl war in die Stadt gekommen und hatte Gespräche unter anderem mit Hans Modrow, dem Ministerpräsidenten der DDR, geführt. Als Helmut Kohl in den frühen Abendstunden zu einer Rede an die Ruine der Frauenkirche kam, wurde er von schätzungsweise 60.000 Menschen begrüßt. Diese trugen Hunderte Deutschlandfahnen mit sich, riefen nach der Einheit Deutschlands und feierten den Bundeskanzler. Helmut Kohl selbst hat dieses Ereignis als Wendepunkt seiner politischen Lagebeurteilung bezeichnet. An diesem 19. Dezember in Dresden sei ihm klar geworden, dass die Einheit Deutschlands schneller kommen würde als gedacht beziehungsweise politisch durch nichts aufzuhalten sei. Als Tausende Dresdner im Dezember 2014 erneut wiederum in den Abendstunden und vor der inzwischen wiederaufgebauten Frauenkirche demonstrierten und Deutschlandfahnen schwenkten, wurden sie mit einer nahezu einhelligen Generalkritik überschüttet. Obwohl sie äußerlich das Gleiche taten, was sie 1989 in der Gegenwart des Bundeskanzlers schon einmal getan hatten und was fünfundzwanzig Jahre lang als großartiges und herausragendes Ereignis der deutschen Nachkriegsgeschichte beschrieben worden war, wurden sie nun von prominenten Politikern – meist westdeutscher Provenienz – und von zahlreichen Medien abgestempelt als Nationalisten, Neonazis, Islamfeinde et cetera und in toto in die rechte politische Ecke gestellt. In dieser Phase des Aufkommens von PEGIDA hätte es einer genauen Betrachtung und einer differenzierten politischen Antwort bedurft. Es stimmt, dass es auch schon in dieser frühen Phase von PEGIDA hetzerische Ansprachen und rechtsextremistische Ausfälle gab. Diese gingen von einzelnen Rednern aus, nicht von der Gesamtheit der Demonstranten. Dass sie allesamt als rechte Scharfmacher und Strippenzieher betrachtet und in der Kritik über einen Kamm geschoren wurden, war falsch. Dass die etablierten demokratischen Parteien nicht nach den möglicherweise ernsten Problemen und berechtigten Anliegen der Demonstranten fragten, sondern diese entweder ignorierten oder diffamierten, war verhängnisvoll. Die richtigen Leute gerieten in die falschen Hände. Wenn sich Zehntausende Dresdner 1989 von dem aus Westdeutschland kommenden Helmut Kohl verstanden gefühlt hatten, so fühlten sie sich nun von der aus Ostdeutschland stammenden Angela Merkel nicht nur nicht verstanden. Sie fühlten sich von ihr abgekanzelt. Dass sie für viele Menschen im Osten – insbesondere in Dresden – regelrecht zum Hassobjekt und zur Projektionsfläche von Empörung wurde – was weder gerechtfertigt noch hinnehmbar ist –, hat in diesem Vorgang seine Wurzel. Es hat viel zu tun mit ihrer Herkunft und mit verschmähter Liebe. Wie hätte die Einlassung der sorgend und mütterlich dargestellten Bundeskanzlerin am 1. 1. 2015 lauten müssen? Hans-Joachim Maaz, der bekannte Hallenser Psychoanalytiker, hat diese Frage in einer öffentlichen Veranstaltung wie folgt beantwortet: »Ich, die Bundeskanzlerin, mache mir Sorgen und stelle mir die Frage, warum so viele Menschen auf den Straßen demonstrieren und unserer politischen Ordnung misstrauen. Wir sollten niemanden vorschnell in die rechte Ecke stellen und im offenen Gespräch nach den Ursachen fragen.«

Am 3. Dezember 2014 veranstaltete die Landeszentrale in Dresden eine öffentliche Diskussion zu der Frage: »Wie verteidigen wir das Abendland?« Die hinter der Formulierung steckende Idee bestand darin, den von PEGIDA verwendeten Begriff aufzunehmen, die Demonstranten für eine seriöse Beschäftigung zu gewinnen und dazu beizutragen, die zu diesem Zeitpunkt vorhandene Gesprächsblockade aufzulösen. Zur Veranstaltung kamen mehr als zweihundert Personen. Der Saal war zu klein; viele mussten abgewiesen werden.

Am 6. Januar 2015 folgte eine weitere Diskussionsveranstaltung; auch diese war überfüllt. Wir – damit meine ich meine damaligen Kollegen von der Landeszentrale und mich – beobachteten ein stetig wachsendes Interesse, das mittlerweile auch von den Medien geteilt wurde. Die vorgetragenen Probleme spiegelten einen immensen Problem- und Gefühlsstau, der sich offenbar über lange Zeit entwickelt hatte. Genannt wurden unter anderem ein generalisierendes Unbehagen über »die« Politik und »die« Politiker, die nicht in der Lage seien, die sozialen Probleme konstruktiv zu lösen, und ohnehin von »der« Wirtschaft beziehungsweise »den« Lobbyisten abhängig und gekauft seien. Immer wieder artikuliert wurde die Angst vor einer unkontrollierten Zuwanderung von Menschen anderer Kulturen und Religionen. Die Zusammenhänge zwischen deutschen Rüstungsexporten, ausbrechenden Kriegen und den sich anschließenden Flüchtlingsbewegungen wurden dargelegt und nachgezeichnet. Einige Teilnehmer kritisierten die »völlig verfehlte Entwicklungspolitik«. Viele äußerten ihren Protest dagegen, von Politikern mit Arroganz behandelt zu werden. Im Kontext von Formulierungen wie »Die reden nicht mit uns, und wenn überhaupt, dann nur von oben herab« und »Wenn wir nicht einverstanden sind, erklären sie uns die Dinge ein zweites Mal, im Grundton der Herablassung, wie Oberlehrer es mit verstockten Kindern zu tun pflegen« wurde auch erkennbar, dass Politik und Verwaltung oft als miteinander identisch betrachtet werden. Den größten Raum nahm der Vorwurf ein, bei der Standortwahl von Asylbewerberheimen nicht miteinbezogen worden zu sein. Nicht selten verband sich der Protest mit Fragen nach der Gestaltung des alltäglichen Lebens in Sammelunterkünften, nach der Organisation der ärztlichen Versorgung für die Flüchtlinge und nach der Präsenz der Polizei, insbesondere im ländlichen Raum. In zahlreichen weiteren Bürgerversammlungen entlud sich ein für mich bis dahin unvorstellbarer, subkutan angewachsener Problem- und Gefühlsstau. Am nachhaltigsten hat mich erschüttert, wie viele Menschen öffentlich davon sprachen, dass Politiker ihnen ja sowieso nicht zuhören und sie in Ämtern und Behörden von oben herab behandelt würden.

Auf der Grundlage dieser Erfahrungen, auf der Grundlage der Beobachtungen des Demonstrationsgeschehens vornehmlich in Dresden, auf der Grundlage der Erkenntnis aus Veranstaltungen, die im Zusammenhang der Proteste gegen die Unterkünfte für Asylsuchende in zahlreichen anderen ostdeutschen Städten organisiert wurden, sowie auf der Grundlage der Sichtung von Korrespondenz (Telefonate, Briefe, Mails, Facebook-Einträge) mit mehreren Hundert Personen, die zum großen Teil ihre Sympathie zu PEGIDA zum Ausdruck brachten, formulierte ich zu Ende des Jahres 2015 die folgenden Thesen, die in ihrer Substanz noch immer zutreffen:

Große Teile der Bevölkerung signalisieren eine starke Ablehnung der gesellschaftlichen und politischen Ordnung der Bundesrepublik. Diese Ablehnung geht einher mit

a) einem tief sitzenden *Misstrauen* gegenüber ihren Funktionsträgern beziehungsweise Funktionseliten, insbesondere werden genannt: »die Politiker« und »die Medien«,

b) einem *mangelhaften Verständnis* der Funktionsweise unserer gesellschaftlichen und politischen Ordnung,

c) dem *Gefühl der Überfremdung* durch die zum großen Teil aus Westdeutschland stammenden Funktionseliten in Politik, Verwaltung, Wirtschaft, Medien und Kultur sowie mit

d) der *Bereitschaft, die Ablehnung,* das Misstrauen und den Unmut in stark emotionalisierter Art *auf den Straßen und in den sozialen Netzwerken* zum Ausdruck zu bringen (»Wir müssen es denen da oben mal zeigen«; »Wir müssen ein Zeichen setzen«).

These 1:

Das Verständnis und die Akzeptanz der freiheitlich-demokratischen Grundordnung, des Grundgesetzes, des Staatsaufbaus, der repräsentativen Demokratie und der Funktionsweise der Institutionen sind auch 27 Jahre nach der Friedlichen Revolution und der Wiedervereinigung Deutschlands beziehungsweise dem Beitritt der neuen Länder zum Geltungsbereich des Grundgesetzes bei Teilen der Bevölkerung nur schwach ausgeprägt. Die Ordnung wird von vielen nicht als die eigene erkannt und akzeptiert.

Viele Beiträge zeugen außerdem von einem technizistischen Politikverständnis.[10] Oft wird nicht realisiert und nicht akzeptiert, dass politische Meinungs- und Willensbildungsprozesse in der Demokratie viel Zeit beanspruchen, Kompromisscharakter tragen, dem Mehrheitsprinzip unterworfen sind und von sachfremden Faktoren beeinflusst werden. In vielen Beiträgen spiegelt sich ein autoritäres Politikverständnis. Der Demokratie wird nicht zugetraut, die anstehenden Probleme mit den ihr eigenen Verfahren zu lösen.

These 2:

Die beobachteten Phänomene sind auch Ausdruck und Folge großer Unterschiede in der Gesellschaft und einer fortschreitenden Auseinanderentwicklung sozialer Milieus.

Die Unterschiede sind deutlich erkennbar:

a) zwischen der ökonomischen, sozialen und demografischen Entwicklung der urbanen Zentren einerseits und der Entwicklung des ländlichen Raums andererseits,

b) zwischen den einkommensstarken und einkommensschwachen beziehungsweise den einkommensstabilen und einkommensfragilen Teilen der Bevölkerung (prekäre Arbeitsverhältnisse, dritter Arbeitsmarkt, »Generation Praktikum«, anwachsende und vor allem prognostizierte Altersarmut),

c) zwischen alten und jungen Menschen. Erstere fühlen sich vielfach überfordert. Letztere können als Gewinner der Transformation und Globalisierung gelten und sich leichter mit neuen Entwicklungen (zum Beispiel in den Informations- und Kommunikationstechnologien) arrangieren.

In Teilen der sich – im Gegensatz zu den aus Westdeutschland zugezogenen Menschen – als einheimisch empfindenden Bevölkerung in Sachsen existieren nach wie vor erhebliche Ressentiments. Dies gilt gleichermaßen umgekehrt.

In der beobachteten Gruppe versammeln sich tendenziell:

a) mehr Menschen mit dem Hauptwohnsitz im ländlichen Raum als Menschen mit dem Hauptwohnsitz in den urbanen Zentren,

b) mehr Menschen aus den Teilen der Bevölkerung mit eher geringem oder mittlerem Einkommen als Menschen mit höherem Einkommen beziehungsweise mehr Menschen mit fragilen als mit stabilen Einkommensverhältnissen,

c) mehr Menschen mit (einseitig) ausgeprägter technischer, ökonomischer und praktischer Kompetenz als Menschen mit (einseitig) ausgeprägter theoretischer, politischer, sozialer und kultureller Kompetenz,

d) mehr Männer als Frauen, mehr ältere als jüngere Menschen,

e) mehr Menschen, die sich in Sachsen als Einheimische fühlen (in der DDR sozialisiert beziehungsweise Kinder von Eltern, die in der DDR sozialisiert sind), als Menschen, die aus Westdeutschland dorthin gekommen sind (beziehungsweise Kinder von Eltern, die aus Westdeutschland nach Sachsen gekommen sind).

These 3:

Die von offener, öffentlicher und fairer Auseinandersetzung sowie von der Suche nach gegenseitigem Verständnis und den Kompromiss anstrebender politischer Streitkultur ist schwach ausgeprägt. Opposition wird oft ausschließlich als Angriff wahrgenommen und betrieben. Die konstruktive Funktion von Opposition wird von vielen nicht verstanden oder übersehen, nicht ausgehalten, nicht gewollt und nicht angenommen.

Viele Beiträge beklagen, dass sich Verantwortungsträger in Politik und Verwaltung der öffentlichen Auseinandersetzung entziehen. In Veranstaltungen zeigt sich ein großes Rede- und Mitteilungsbedürfnis. Nur selten konnte eine ausgeprägte Bereitschaft der Teilnehmer zum Zuhören, Argumentieren, zum nachdenklichen Abwägen, zum kompromiss- und konsensorientierten Diskutieren festgestellt werden. Das Schema »Links gegen Rechts; Rechts gegen Links« ist ausgeprägt. Die Empörung über die im öffentlichen Raum vorgetragenen rechtsextremistischen und rechtspopulistischen Positionen ist glaubwürdig und gut organisiert. Vermittlungsversuche werden diskreditiert und angefeindet.

These 4:

In Teilen der Bevölkerung gibt es eine ausgeprägte Islam- und Fremdenfeindlichkeit, zumindest erhebliche Ressentiments. Diese äußern sich zunehmend offen, pauschal und radikal.

Dass sich dies dort besonders deutlich zeigt, wo der Ausländeranteil bisher gering ist, wo es wenige Erfahrungen mit fremden Kulturen gibt und wo nur wenige Muslime leben, muss aus folgenden Gründen nicht verwundern:

a) Der Islam und fremde Kulturen fungieren als Projektionsflächen eines allgemeinen Unmuts und politischer Verunsicherung.

b) Verhältnisse wie zum Beispiel in den sozialen Brennpunkten werden antizipiert und als bedrohlich empfunden. Prominente Kritiker wie Thilo Sarrazin werden zitiert.

c) Ängste entstehen insbesondere dann, wenn alltägliche Erfahrungen fehlen.

d) Die politische Situation in Syrien, in Libyen, im Irak und in Afghanistan sowie die Berichterstattung über die vom sogenannten Islamischen Staat ausgehende Gewalt sind angetan, schlimmste Befürchtungen auszulösen. Inzwischen hat der islamistische Terror Deutschland erreicht.

e) Muslime, die in den Osten Deutschlands kommen, treffen auf eine zu circa 80 Prozent areligiöse Bevölkerung. Viele Menschen im Osten haben vergessen, dass sie Gott schon lange vergessen haben. Die Wiederkehr des Religiösen, das sie überwunden glaubten, verunsichert.

These 5:

Zum offenen politischen Dialog über den ausgebrochenen Problem- und Gefühlsstau gibt es keine vernünftige Alternative. Das Gespräch ist auf möglichst vielen Ebenen zu führen.[11] Es ist nicht sicher, ob durch Dialoge eine weitere Radikalisierung im Protest- und Demonstrationsgeschehen verhindert werden kann.

Allerdings bin ich überzeugt, dass die Stärke des demokratisch verfassten Gemeinwesens in Konfliktfällen besonders deutlich hervortritt. Diese Fälle müssen erkannt, angenommen und in vernünftig ausgetragenem Streit angegangen werden. Auf der Grundlage wechselseitigen Respekts können Menschen im Gespräch bleiben. Gleichwohl ist deutlich, dass es politische Akteure gibt, welche die vorhandenen Konflikte zu eskalieren suchen.

—) Trenkund — Verspan

Das Verhängnis einer unvollendeten Revolution

Die Friedliche Revolution 1989 in der DDR gehört zu den besten und bemerkenswertesten Ereignissen der jüngsten deutschen Geschichte. Klaus-Dietmar Henke[12] sprach anlässlich des zehnten Jahrestages davon, dass die Friedliche Revolution in der DDR die moralische Substanz in sich trug, die Deutschen am Ende des 20. Jahrhunderts mit sich selbst zu versöhnen. Die Deutschen – ausgerechnet die Deutschen! – brachten am Ende eines Jahrhunderts, in dem sie unendlich viel Tod, Leid und grausame Repression über die Menschen Europas gebracht und den Holocaust, das »singuläre Auschwitz«,[13] verbrochen hatten, eine Revolution zustande, in deren Verlauf sich der Ruf »Keine Gewalt!« durchsetzte und kein einziges Todesopfer zu beklagen war. Dass diese Revolution im Umfeld günstiger außenpolitischer Umstände stattfand und die Gewaltfreiheit auch davon beeinflusst war, dass über 300.000[14] sowjetische Soldaten im Land stationiert waren und die Sowjetunion unter Michail Gorbatschow dennoch nicht eingriff, war den Revolutionären auf den Straßen und an den Runden Tischen nicht unbedingt bewusst und nur indirekt maßgeblich. Entscheidend waren die Entschlossenheit, der Mut, die Intelligenz, das Ethos, die Disziplin, die Freiheitsliebe und die Freiheitssehnsucht der Oppositionellen, die im Ruf »Wir sind das Volk!« ihre politische Souveränität wiedergewannen. Die Friedliche Revolution hatte ein großes moralisches Innenleben.

Erhardt Neubert[15] beschrieb den Herbst 1989 als den atemberaubend schnellen Wechsel von der Bewegungslosigkeit zur Beschleunigung und von der engsten Begrenztheit hin zur vollständigen Entgrenzung. In der Tat. Im Sommer 1989 gab es nicht nur sengend heiße Tage, an denen die Luft stillzustehen schien. Er erschien ebenso als der Gipfelpunkt des politischen Stillstands. Aus Ostberlin hörte man nichts. Das Politbüro schien (sieht man einmal ab von der Reise des Egon Krenz nach China) in den Tiefschlaf gefallen. Auch im August, als die ungarisch-österreichische Grenze geöffnet wurde, als DDR-Bürger in solch großen Mengen in den Westen flohen, wie es dies seit 1961 nicht mehr gegeben hatte, und als dem politisch aufmerksamen Beobachter klar wurde, dass das lokal begrenzte Ereignis in Wirklichkeit den Zerriss des Eisernen Vorhangs bedeutete und die politische Sprengkraft enthielt, die Auflösung des gesamten Ostblocks einzuleiten, brauchte es mehrere Wochen bis zur ersten offiziellen Reaktion der DDR-Regierung. Zyniker sprachen davon, dass das als geriatrische Abteilung erscheinende und unter zunehmendem Wirklichkeitsverlust leidende Politbüro nur noch eine einzige Absicht verfolgte: die Zelebrierung des vierzigsten Jahrestages »seiner« DDR. Als die Menschen dann aber massenweise auf die Straße gingen und mit der Großdemonstration mit schier unglaublichen 70.000 Teilnehmern am 9. Oktober in Leipzig anerkanntermaßen einen politischen Durchbruch erringen konnten – übrigens auch deshalb, weil der Schießbefehl nicht wie befürchtet erteilt wurde –, kam ein Veränderungsprozess in Fahrt, der von Tag zu Tag an Geschwindigkeit zunahm. Erstmals war der Osten interessanter als der Westen. Es gab Städte, die sich – wie zum Beispiel Dresden – innerhalb weniger Tage demokratisierten. Das Verb »demokratisieren« ist hier in seiner ganz elementaren Bedeutung gemeint. Historiker belegen einen revolutionären und demokratischen Flächenbrand, der innerhalb weniger Wochen nahezu das gesamte Land erfasste. Gern weise ich darauf hin, dass die Beteiligung an der »Montagsdemo«[16] in einer Kreisstadt mit 18.000 Einwohnern[17] keines geringeren Mutes bedurfte als die Beteiligung an der Demonstration in einer der großen Städte mit über einer halben Million Einwohner, wo sich der Einzelne in der Anonymität der Menge relativ sicher fühlen konnte. Die revolutionären Veränderungen vollzogen sich aber keineswegs nur quantitativ. Auch hinsichtlich ihrer Qualität geschahen nahezu täglich Dinge, die man noch wenige Monate vorher für schier undenkbar gehalten hätte: offizielle Verhandlungen mit oppositionellen Gruppen und deren Anerkennung, Bildung Runder Tische, zunehmend freie Berichterstattung in den Medien, Rücktritt Erich Honeckers, öffentliche Infragestellung des Führungsanspruchs der SED, Diskussion über eine neue Reisegesetzgebung und so weiter. Die unerwartete Öffnung der Berliner Mauer und der innerdeutschen Grenze am 9. November stellte einerseits den unbestrittenen Höhepunkt der politischen Veränderungen dar – der auch sofort als solcher begriffen wurde –, andererseits einen tiefen Einschnitt in den demokratischen Veränderungsprozess der DDR. Die Öffnung der Mauer ermöglichte das ernsthafte Nachdenken über die plötzlich als realistisch erscheinende Option der Wiedervereinigung Deutschlands. Der 9. November 1989 entzweite die Opposition in der DDR, wobei dies für ein paar Tage im Jubel unterging und nicht sofort erkennbar wurde. Einen Höhepunkt, der ausschließlich die Veränderungen in der DDR betraf, gab es noch einmal Anfang Dezember, als die Opposition, die längst die politische Meinungsführerschaft an sich gerissen hatte, zur Besetzung der Bezirkszentralen des Ministeriums für Staatssicherheit (MfS) aufrief. Die Erstürmung dieser letzten Bastionen des real existierenden Unterdrückungsapparates erfolgte also knapp zwei Monate nach dem Durchbruch von Leipzig.[18] Dass die Revolution insgesamt kein einziges Todesopfer gekostet hat, mag auch damit zusammenhängen.

Bevor Helmut Kohl am frühen Abend des 19. Dezember 1989 eine Rede vor der angestrahlten Ruine der Dresdner Frauenkirche hielt, hatte er mit Ministerpräsident Modrow über sogenannte konföderative Strukturen zwischen den beiden deutschen Staaten verhandelt. Nach eigenen Angaben sei ihm an diesem Abend klar geworden, dass der Zug der politischen Veränderungen unaufhaltsam in Richtung Wiedervereinigung abgefahren sei. Die Friedliche Revolution, die Demokratisierung der DDR bog ab in eine neue Kurve der Geschichte und blieb unvollendet. Der Aufruf »Für unser Land«, der unter anderem von Christa Wolf und Stefan Heym unterzeichnet worden war, verfehlte die erwünschte Wirkung. Auch die Diskussionen am Zentralen Runden Tisch – unter anderem über eine neue Verfassung der DDR – gerieten in den Hintergrund der öffentlichen Aufmerksamkeit. Der oft gebrauchte Satz: »Wenn die D-Mark nicht zu uns kommt, dann gehen wir zur D-Mark« verdeutlichte die Schwäche einer politischen Option, die sich an einer reformierten DDR beziehungsweise einem sogenannten »Dritten Weg« orientierte. Nicht zu vergessen ist, dass der Exodus der Menschen aus der DDR in Richtung Bundesrepublik im Spätherbst und Winter 1989/90 keineswegs nachließ. Viele zweifelten noch immer daran, dass die Mauer endgültig gefallen war und die Welt für immer offenstand.

Erhardt Neubert wies darauf hin, dass die allermeisten Menschen wohl nicht dafür geschaffen seien, den permanenten Aufbruch auszuhalten, zumal dann nicht, wenn sich dieser so schnell und so umfassend vollziehe, wie es im Herbst 1989 geschehen sei. Es brauchte Stabilisatoren. Es brauchte Leitplanken, die den politischen Fortgang kanalisierten. Es waren die aus der Bundesrepublik bekannten politischen Parteien, die im Vorfeld der ersten freien Volkskammerwahlen in der DDR mehrheitlich willkommen geheißen wurden. Sie stellten die Bürgerrechtsbewegten, welche die Friedliche Revolution maßgeblich bewirkt hatten, in den politischen Schatten. Die Programme der Parteien, aber noch viel mehr die an ihrer Spitze stehenden Personen versprachen für viele eine neue Sicherheit. Gewählt wurden vor allem diejenigen, die sich eine rasche Wiedervereinigung auf die Fahne geschrieben hatten.

Für nachdenkliche, problematisierende und differenzierende Betrachtungen war nicht die Zeit. Wirklich nicht?

Die Frage, warum alles so schnell gehen musste, wird zumeist mit dem Hinweis auf das kleine historische Zeitfenster beantwortet. Die Chance, die staatliche Einheit Deutschlands zu erreichen, schien abhängig von der Zustimmung der Sowjetunion des Michail Gorbatschow, von dem nicht sicher war, ob er noch lange »sicher im Sattel« sitzen würde. Von der Bevölkerung der DDR wurde die Einführung der D-Mark – sie erfolgte am 1. Juli 1990, also lange vor der Wiedervereinigung – mehrheitlich ersehnt und bejubelt. Von einer tief greifenden Ernüchterung angesichts der Preise, die für die allzu lange entbehrten Produkte westlicher Herkunft zu bezahlen waren, kann für den Sommer 1990 noch keine Rede sein. Der immer deutlicher werdende wirtschaftliche Nieder- und Untergang großer Teile der DDR-Wirtschaft und die damit verbundene steigende Arbeitslosenquote drangen nur langsam ins öffentliche Bewusstsein. Viele hofften, dass es sich dabei um schnell vorübergehende Phänomene handeln würde. Die Wiedererrichtung der Bundesländer, die 1952 aufgelöst worden waren, wurde als ein Stück zurückgewonnener Identität begrüßt.

Einerseits fand eine Revolution statt, die diesen Namen uneingeschränkt verdient. In demselben Moment, in dem die

Akteure auf die Straßen gingen, begannen sie, Macht auszuüben. Die Menschen, die den repressiven Staat und die Ideologie des Marxismus-Leninismus ablehnten, weil sie in ihr im Prinzip nichts anderes waren als der Dünger der Evolution, ebneten sich selbst die Bahn in die Geschichte. Sie taten dies durchaus gemeinsam mit denen, welche die Hoffnung auf einen demokratischen Sozialismus in der DDR noch nicht aufgegeben hatten. Die politische Subjektwerdung erfolgte solidarisch. Es wird vielfach daran erinnert, wie oft sich wildfremde Menschen in den Monaten des Herbstes 1989 gegenseitig ansprachen, sich über persönlichste Erfahrungen und Ängste austauschten und schließlich in den Armen lagen. Diese Solidarität steckte viele Westdeutsche an, auch jene, die vorher keinerlei Beziehungen in den Osten unterhalten hatten. Es war ein großartiges Jahr in der deutschen Geschichte, ein Jahr, in dem die Nachkriegszeit zu Ende ging.[19]

Andererseits blieb die Revolution unvollendet. Eine innere, tief greifende, umfassende und nachhaltige Demokratisierung der Gesellschaft der DDR aus eigener Kraft, wie sie nach den vielen Jahrzehnten totalitärer und autoritärer Herrschaft notwendig gewesen wäre, unterblieb. Die freien Wahlen zur Volkskammer der DDR am 18. März 1990 stellten die politische Weiche zur schnellstmöglichen Wiedervereinigung Deutschlands, die de jure den Beitritt zum Geltungsbereich des Grundgesetzes der Bundesrepublik bedeutete. Der Begriff »Wiedervereinigung« suggeriert politische Augenhöhe. Diese hat es zu keinem Zeitpunkt gegeben – auch deshalb nicht, weil die Mehrheit der Deutschen in der DDR den Anschluss wollte. Sie begrüßten die Übernahme der politischen Ordnung und die Anpassung an die ökonomischen und kulturellen Verhältnisse der alten Bundesrepublik. »Der Westen«, wie DDR-Bürger diese bezeichneten, verließ das Schlachtfeld des Kalten Krieges als Sieger. Die Stimmen, die davor warnten, dass es nicht nur unter Verlierern, sondern auch unter Siegern immer auch schlechte gebe und dass ein Kapitalismus, dem der Widerpart und Widerstand des Sozialismus abhandengekommen sei, hemmungslos voranschreiten und sich die ganze Welt zu unterwerfen suchen würde, waren selten und verhallten ungehört. Die abschätzige und demütigende Art und Weise, mit der Stefan Heym im November 1994 anlässlich seiner Eröffnungsrede als Alterspräsident[20] des 13. Deutschen Bundestages von zahlreichen Abgeordneten behandelt wurde, war symptomatisch für die Mentalität der schlechten Sieger und für die Arroganz der Macht. Viele Abgeordnete verließen den Saal, und einige der Verbleibenden verweigerten ihm den Beifall. Diese Reaktion ließ viele – insbesondere im Osten Deutschlands, aber nicht nur dort – an der moralischen und charakterlichen Substanz der Demokraten grundsätzlich zweifeln. Ganz gleich, wie man zu den politischen Auffassungen Stefan Heyms stehen mochte, allein die Anerkennung der Tatsache, dass er ein Direktmandat gewonnen hatte und seine Eröffnungsrede regulär als Alterspräsident des Deutschen Bundestages hielt, hätte verlangt, ihm aufmerksam zuzuhören und ihm die gebührende Anerkennung nicht zu verweigern. Darüber hinaus hätten sein Lebenswerk und sein Schicksal den Respekt verdient, der unter Abgeordneten, Mitbürgern und Mitmenschen selbstverständlich sein sollte. Heute, da sich der Rechtsstaat in Deutschland seit nunmehr vier Jahren mit der juristischen Aufarbeitung der Mordserie des Nationalsozialistischen Untergrunds (NSU) herumquält, da die Justiz regelmäßig auf die Zunahme rechtsextremistischer Straftaten und die Ämter für Verfassungsschutz auf den hohen Verbreitungsgrad extremistischen Gedankengutes hinweisen, erinnert man sich der (unheils-)prophetischen Worte Stefan Heyms aus dem Jahr 1992. Er gehörte zu den Mitbegründern des

Komitees für Gerechtigkeit. In der Rede zu dessen Gründung sprach Stefan Heym eine Warnung aus: »wenn die Leute sich nicht artikulieren können, dann werden sie die Häuser anzünden. Und wenn man ihnen nicht eine demokratische Lösung anbieten kann, eine linke Lösung, dann werden sie nach rechts gehen, werden wieder dem Faschismus folgen.«[21] Die Arroganz der vermeintlichen Sieger bekam nicht nur Stefan Heym zu spüren. Ungezählte andere, weniger prominente Ostdeutsche, ehemalige DDR-Bürger, erfuhren Vergleichbares. Mein Hinweis darauf erfolgt keineswegs mit der Absicht, die Leistung der ungezählten Westdeutschen zu diskreditieren, die vom Idealismus, von alten landsmannschaftlichen Anhänglichkeiten, von Pflichtbewusstsein oder auch nur von Karriereabsichten getrieben in den Osten kamen und sich am Aufbau der sogenannten neuen Bundesländer beteiligten. Mein Hinweis dient vielmehr dem Verständnis dafür, dass die Aneignungs- und Akzeptanzdefizite der freiheitlichen demokratischen Grundordnung im Osten Deutschlands unter anderem dadurch begründet sind, dass diese Ordnung als die Ordnung anderer über sie kam. Der Hinweis auf die Tatsache, dass dies mehrheitlich gewollt, der Anschluss an die Bundesrepublik von dèn Bürgern der DDR gewählt war und heute alle deutschen Staatsbürger den gleichen Pass in der Tasche tragen, ist grundsätzlich richtig. In politischer und psychosozialer Hinsicht hilft er nicht, die genannten Defizite zu beheben. Im Gegenteil. Der Hinweis, dass die Ostdeutschen das, worüber sie sich beklagen, doch unbedingt gewollt hätten, dass sie sich vorher besser hätten erkundigen sollen und nun, da es zu spät sei, keinen Grund hätten, sich zu beschweren, zeugt von herablassender Überheblichkeit. Er beschämt oder löst Aggression aus und macht die Sache nur noch schlimmer. Was hilft, ist die sachliche Darstellung der gesellschaftlichen, politischen, ökonomischen und kulturellen

Transformation und das offene Gespräch über ihre Ursachen und Auswirkungen.

Leider sind Veranstaltungsformate, wie sie zum Beispiel im Ost-West-Forum Gödelitz[22] gepflegt werden, in denen der wechselseitigen Narration viel Zeit gegeben wird und Diskussionen nur auf einer gemeinsam erarbeiteten Verstehensgrundlage erfolgen, selten anzutreffen. Sie beherzigen den augenzwinkernden, aber hilfreichen Grundsatz: Sagen lassen sich die Menschen nichts, aber erzählen lassen sie sich alles.[23] Dass allein der Begriff »Treuhand«[24] bei vielen Menschen im Osten Deutschlands zum Inbegriff eines skrupellosen Kapitalismus geworden ist und eine tiefe innere Abwehrhaltung auslöst, spricht Bände. Er ist für viele verbunden mit ökonomischen Unsinnigkeiten, Marktbereinigungen, Verlogenheiten, Fördermittelbetrug, persönlichen Kränkungen und Demütigungen. Vielen Menschen im Westen Deutschlands bedeutet der Begriff »Treuhand« kaum etwas. Das Narrativ der Übernahme des Ostens durch den Westen ist im Osten ein nach wie vor starkes.

Im aktuell ausgetragenen Bilderstreit in Dresden regt sich exemplarisch der lautstarke Protest dagegen, dass ein von Westdeutschen »betriebener Kunstbetrieb« die DDR-Kunst ins Depot verbannen würde.[25]

Im Westen hat sich das Vorurteil von den undankbaren und nie zufriedenen Ossis festgesetzt. Pflegen wir in Deutschland also insgesamt eine Kultur des wechselseitigen Ressentiments? Die Studie von Michael Bluhm und Olaf Jacobs »Wer beherrscht den Osten? Ostdeutsche Eliten ein Vierteljahrhundert nach der deutschen Wiedervereinigung«[26] belegt die dauerhaft etablierte Überschichtung der ostdeutschen Gesellschaft durch westdeutsche Funktionseliten in den Bereichen Wirtschaft, Politik, Verwaltung, Kultur, Medien und Wissenschaft.[27] Zu den wichtigsten Ergebnissen zählt die

Feststellung, dass es kein relevantes Nachrücken Ostdeutscher in Führungspositionen in Ostdeutschland gibt. »Nur 23 Prozent beträgt der Anteil Ostdeutscher innerhalb der Führungskräfte in den neuen Bundesländern – bei 87 Prozent Bevölkerungsanteil. ... Bundesweit sucht man ostdeutsche Führungskräfte vergeblich. Nur 1,7 Prozent der betrachteten Spitzenpositionen auf Bundesebene sind von Ostdeutschen besetzt – bei einem Bevölkerungsanteil von bundesweit 17 Prozent.«[28]

Es liegt auf der Hand, dass dies eine der Ursachen dafür ist – keineswegs die einzige; monokausale Begründungen verbieten sich, aber eben *eine* Ursache –, dass vielen Ostdeutschen die freiheitlich demokratische Grundordnung nach wie vor fremd ist. In öffentlichen Diskussionen ist es sehr schwer, das Phänomen dieser Überschichtung als einen Sachverhalt darzustellen, der wie jeder andere zur Kenntnis genommen, eingeordnet und nach den Maßstäben, über die eine Verständigung erfolgt ist, bewertet werden muss. Der bloße Hinweis darauf wird allzu oft persönlich oder moralisch aufgefasst. Es geht um Zeitgeschichte, und die raucht bekanntermaßen. Dabei wäre es wichtig, die Sache an sich zur Kenntnis zu nehmen, unterschiedliche Perspektiven zuzulassen und empathisch aufzunehmen, einander zuzuhören, das Problem zu beschreiben und nach möglichen Lösungen zu suchen. Außerdem sind die psychosozialen, demografischen und ökonomischen Folge- und Nebenwirkungen der Übersiedlung ungezählter junger, qualifizierter und gut ausgebildeter Ostdeutscher nach 1990 in die alten Bundesländer einzubeziehen. Mitzudenken ist auch, dass die Gesellschaft der untergegangenen DDR eine Gesellschaft war, in der und über die zwei ideologisch aufgeladene Diktaturen unmittelbar nacheinander herrschten;[29] Diktaturen, die sich durch einen quasireligiösen Anspruch zu legitimieren gesucht hatten. Dem

»Heil Hitler« folgte nach einer kurzen Phase des Überganges die Verheißung des Kommunismus, der für sich in Anspruch nahm, die einzige wissenschaftliche Weltanschauung zu sein und über die Kenntnis zu verfügen, auf welchem Weg und mit welchen Mitteln die Menschheit in den endgültigen und umfassenden Zustand individuellen und gesellschaftlichen Glücks zu führen sei.

Der Marxismus-Leninismus enthielt die wesentlichen Kriterien, die eine Religion ausmachen. Diese Ideologie begründete den Bedarf der Menschen nach Erlösung mit ihrer Entfremdung von der Arbeit. Der Mensch solle sich über seine Arbeit definieren, mit der Arbeiterklasse als Erlöser, die angeführt werde von einer Partei, die an der Spitze der revolutionären Umgestaltung stehen müsse. Und er beschrieb verheißungsvoll eben jenen Zustand, in dem alle Widersprüche aufgelöst und alle Sehnsüchte erfüllt werden würden: die kommunistische Gesellschaft, die sich zwangsläufig am Ende der Geschichte (als Neuauflage der archaischen Urgesellschaft) wiederum einstellen würde. »Jedem nach seinen Bedürfnissen; jeder nach seinen Fähigkeiten« – so hieß es.

Der Mythos eines der Geschichte immanenten gesellschaftlichen Fortschritts, der unabhängig vom Handeln einzelner Menschen herrsche, machte es dem Einzelnen einfach und wurde von vielen geglaubt. Beide pseudoreligiösen Ideologien, die rote wie die braune, brachen zugleich mit den Diktaturen in sich zusammen, zu deren Begründung sie gedient hatten. Beide Ideologien waren auf den Staat als Erfüllungsorgan der vorgetragenen Verheißungen orientiert.

Als die DDR 1990 unterging, als sich auch die zweite Ideologie als erfolglos erwiesen hatte und sich mit diesem Staat verabschiedete, der vor gerade mal vierzig Jahre wie Phönix aus der Asche erstanden war und die Erfüllung aller menschlichen Sehnsüchte versprochen hatte, entschlossen sich viele, von nun an erst mal an gar nichts mehr zu glauben.[30] Für viele Menschen blieb nur noch ein einziger Orientierungspunkt übrig, nur noch ein einziger Fixstern, auf den sie sich verlassen konnten: sie selbst.[31] Andere übertrugen ihre Staatsgläubigkeit schnell und gern auf den neuen Staat, der nun vom Westen her hereinbrach. Sie nahmen seine Währung, die D-Mark, dankbar und fromm entgegen wie Manna vom Himmel. Sie mussten ein weiteres Mal enttäuscht werden.

Ich wundere mich darüber, dass sich viele darüber wundern, wie wenig tief die Wurzeln der Demokratie ins ostdeutsche Erdreich eingedrungen sind. Wann hätten sie denn eindringen sollen? In den Jahren zwischen 1919 und 1933? Von da an bis zum Jahr 1989, also über zwei oder drei Generationen hinweg, herrschten auf dem beschriebenen Gebiet diktatorische Systeme, die sich obrigkeitsstaatlich, autoritär und totalitär gebärdeten und für die große Mehrheit der Bevölkerung alternativlos und in ihren Anfängen erfolgreich erschienen. Einige prinzipielle Denk- und Verhaltensmuster, auf denen ein demokratisch verfasstes Gemeinwesen selbstverständlich aufbaut – wie zum Beispiel Individualität, Pluralität, Liberalität, zivilgesellschaftliches Engagement und zivile Courage –, waren aufs Ganze gesehen nur schwach ausgeprägt. Diese Einschätzung scheint den oben vorgetragenen Einschätzungen zur Friedlichen Revolution zu widersprechen. Sie widerspricht ihnen nicht, wenn man berücksichtigt, dass diese nur von einer Minderheit der DDR-Bevölkerung vollzogen wurde. Die Mehrheit ließ sie mehr oder weniger über sich ergehen oder stand ihr ablehnend gegenüber. Es wird schon deshalb noch lange dauern, bis sich Pluralität und Demokratie im Bewusstsein der Menschen auf dem Territorium der untergegangenen DDR eingewurzelt haben, weil die Weltanschauung des Marxismus-Leninismus eine in sich geschlossene Weltanschauung war. Obwohl sie von den meisten

Menschen in der DDR als funktionsuntüchtig erlebt und kritisiert wurde – am Ende glaubten wohl nicht einmal mehr die Mitglieder des Politbüros daran, dass man mit diesem Ordnungssystem Staat machen könnte –, gab sie doch eine Orientierung und begründete eine bestimmte Sicht auf Welt und Gesellschaft. Im Gefüge des Staates und dieser Weltanschauung hatte das Leben jedes Einzelnen einen Sinn und einen Platz. Letzteren hatte er sicher, im Zweifelsfall sogar sehr sicher. Der Marxismus-Leninismus formulierte nachvollziehbare und richtige Ideale. Die Berliner Mauer, offiziell hieß sie »antifaschistischer Schutzwall«, wurde von der Mehrheit der DDR-Bürger natürlich als Gefängnismauer empfunden. Hinter dieser Mauer war es klein und eng, für viele unerträglich. Wie sich Menschen überall auf der Welt an Gefängnismauern reiben, so rieben sich auch die Menschen in der DDR an der Berliner Gefängnismauer und dem Stacheldraht, der das ganze Land umspannte. Zugleich allerdings richteten sich die meisten hinter ebenjener Grenze ein. Was blieb ihnen anderes übrig? Der Staat versprach ihnen auf der Basis seiner Ideologie und seiner geopolitischen Integration im sowjetischen Imperium Schutz vor globalen Bedrohungen. Und: In einem oberflächlichen und vordergründigen Sinn hielt er dieses Versprechen auch.[32]

Die untergegangene DDR ging in der Bundesrepublik auf, die sich als der politisch und wirtschaftlich erfolgreichere zweite deutsche Staat erwiesen hatte. Die Weltanschauung des Marxismus-Leninismus fiel ins Bodenlose. Ein erstes, sich überall auf der Welt ausbreitendes, das staatliche Handeln und seine Prinzipien zurückdrängendes politisches Gesellschaftsmodell stieß in die Lücke: der Neoliberalismus. Wie eine Furie zog er übers Land und hinterließ eine Schneise geistiger Verwüstung. Alle übrig gebliebenen, dem Materiellen übergeordneten ideellen Prinzipien verloren nach und nach ihre Gültigkeit und Legitimationsgrundlage. Was blieb, waren die Prinzipien des Wettbewerbs und der Konkurrenz, die sich nicht nur in der Wirtschaft als erfolgreich herausgestellt hatten, sondern nun auf nahezu alle Lebenslagen übertragen wurden. In einer Gesellschaft, in der ständig Gewinner gesucht werden, werden auch ständig Verlierer produziert. Das liegt in der Natur der Sache.

Ebenso natürlich war, dass die allermeisten Ostdeutschen, die sich nun in einer ihnen fremden, auf Wettbewerb und Konkurrenz basierenden Gesellschaft zurechtzufinden hatten und mit einem in jeder Hinsicht geringeren Startkapital ausgestattet waren, in der Regel »zweite Sieger« blieben oder als Verlierer vom Platz gingen. Um die eintretende Enttäuschung und Frustration aufzufangen, bot sich schnell und nachhaltig ein zweiter Orientierungs-, Anerkennungs- und Wertschätzungsspender an: der Nationalismus. Wer keinen wirtschaftlichen Erfolg verbuchen und kein soziales Ansehen erwerben oder erwarten konnte, wurde empfänglich für die Botschaft: Du bist wichtig und du darfst stolz sein, weil du ein Deutscher bist. Vereinfacht und verallgemeinernd gesagt: Nachdem der sozialistische Osten verloren und der kapitalistische Westen gesiegt hatte, nachdem viele Ostdeutsche dem Westen naiv vertraut hatten und erneut enttäuscht wurden, blieb ihnen der Rückgriff auf eine Ordnung jenseits des Sozialismus und des Kapitalismus: den Nationalismus. Der Westen hatte vorübergehend den Verstand der Ostdeutschen erreicht, nicht aber ihr Herz. Inzwischen zweifeln viele Ostdeutsche auch an seinem Verstand.

Und was geschah währenddessen mit »dem Westen«? Mit der alten Bundesrepublik? Mit dem vermeintlichen Sieger des Kalten Krieges? Einige sagen, jener Westen habe in Wirklichkeit gar nicht gesiegt. Er sei übrig geblieben. Habe zwar offiziell stets an der Idee der Einheit Deutschlands festgehalten und den rechtlichen Anspruch auf eine gemeinsame Staatsbürgerschaft für alle Deutschen aufrechterhalten, darüber hinaus aber keinerlei politischen Plan für den Tag X der Wiedervereinigung Deutschlands gehabt.

Aus der Perspektive eines Ostdeutschen waren diese Ansichten sehr verwunderlich. Die alte Bundesrepublik schien außerdem so weit im Westen, dass sie vielen Menschen in der DDR fremd und unwirklich erschien, obwohl oder gerade weil sie für die Mehrheit als Projektionsfläche unterdrückter Freiheits- und Wohlstandbedürfnisse herhalten musste.

Über einen Vorteil gegenüber der Gesellschaft in der DDR verfügte »der Westen« zweifellos. »Im Westen« hatte man im Zuge der 68er Revolte kollektiv das »Nazi-Schämen« gelernt. Die emanzipatorische Bewegung hatte ein Positives bewirkt: die schuldhafte Verstrickung der westdeutschen Gesellschaft und ihrer Funktionseliten in die nationalsozialistische Terrorherrschaft öffentlich zu thematisieren und deren Aufklärung voranzutreiben. Inwieweit dies bis in die Familien und individuellen Biografien reichte, vermag ich nicht zu sagen. Gleichwohl unterschied sich die bundesrepublikanische Gesellschaft in diesem Punkt von der in der DDR. Unter der offiziell sauberen Decke des sich als antifaschistisch deklarierenden Staates – die Abkehr vom »Hitlerfaschismus« gehörte zum Gründungsmythos der DDR – konnte nationalistisches, rassistisches und faschistisches Gedankengut durchaus weiter existieren.

Ich bin an einem 20. April geboren. Daher kann ich mich gut erinnern, dass ab Mitte der Achtzigerjahre in den Dörfern der Umgebung meiner im tiefsten Osten gelegenen Heimatstadt an diesem Tag regelmäßig Geburtstagsfeiern stattfanden – allerdings solche, die nicht mir, sondern Adolf Hitler galten.

Trugen die durch die 68er-Bewegung in der alten Bundesrepublik ausgebrochenen politischen Konflikte den Charakter einer Krise der westdeutschen Demokratie? Haben die 68er mit ihrer radikalen Kritik am konservativen und deutschnational geprägten Establishment dazu beigetragen, dass in der westdeutschen Gesellschaft die Zustimmung zur freiheitlichen demokratischen Grundordnung wuchs, die ihr ja zunächst von den westlichen Alliierten überverholfen worden war? Holt der Osten Deutschlands, dem die Erfahrung der 68er fehlt und der bis vor wenigen Jahren scheinbar noch keine Krise der Demokratie erlebt hat, diese aktuell und unter anderen Vorzeichen nach?

Bemerkenswert ist der zeitliche Abstand. Die 68er bewegten die alte Bundesrepublik eine Generation nach deren Gründung. Der Osten Deutschlands erlebt aktuell, eine Generation nach der Wiedervereinigung, politische Verwerfungen, die der demokratischen Ordnung schwer zu schaffen machen. Beziehungen ist es eigen, dass sie in Krisen entweder zerbrechen oder gefestigt aus ihnen hervorgehen. Wenn dies auch für die Beziehung der Menschen zur Demokratie gilt, liegt in der aktuellen Krise eine große Chance.

Noch viel grundsätzlicherer Natur allerdings ist die Verhältnisbestimmung zwischen der demokratischen Herrschafts- und Gesellschaftsordnung und der Art und Weise, die Wirtschaft zu organisieren, staatlich zu reglementieren und die erwirtschafteten Güter gerecht zu verteilen. Dieses Problem betrifft den Osten wie den Westen Deutschlands, wenngleich im Rahmen unterschiedlicher Umstände und Vorgeschichten. Das Auseinanderdriften der Gesellschaft einerseits in zahlenmäßig wachsende Milieus, die über immensen privaten Reichtum verfügen, und andererseits in ebenso wachsende oder zumindest auf hohem Niveau stagnierende gesellschaftliche Milieus, die als arm gelten und deren Kinder in Armut aufwachsen, ist geeignet, die Demokratie grundsätzlich zu delegitimieren. Der Auffassung, dass die Demokratie an sich keine Inhalte politischer Herrschaft festlegt, sondern ausschließlich als formalisiertes Verfahren der Willensbildung zu verstehen ist und sich insofern mit demokratischen Mitteln sogar selbst außer Kraft setzen und abschaffen könne, steht die Auffassung gegenüber, dass die Demokratie immer auch ein Versprechen für sozialen Ausgleich darstelle, dass es in ihr immer auch um die Festigung der ethisch-geistigen Grundlagen des gesellschaftlichen Zusammenlebens gehe. Zu diesen Grundlagen gehören neben der Anerkennung der demokratischen Spielregeln auch die Anerkennung von Freiheit und Gleichheit, die Achtung vor dem Andersdenkenden, die Offenheit für Argumentation und Kompromiss, die Loyalität gegenüber Mehrheitsentscheidungen, die grundsätzliche Einigkeit über das Unverhandelbare und Unabstimmbare (Menschenwürde, Menschenrechte, Fakten- und Wahrhaftigkeitsorientierung in der Debatte) und die Gemeinwohlorientierung politischen Handelns. Das Gemeinwohl ist nicht die Summe der Einzelinteressen. Da es im demokratischen Verfahren institutionell kaum abgesichert ist, kann es nur erreicht werden, wenn alle Bürger – und besonders deren gewählte Repräsentanten – bereit sind, ihre privaten Interessen einem Größeren unterzuordnen, ohne diese vernachlässigen zu müssen.

Die freiheitliche demokratische Grundordnung ist gewiss die beste Ordnung, die Deutschland je hatte. Eine gute Ordnung garantiert keineswegs eine gute, gemeinwohlorientierte Gesellschaft. Zur äußeren Demokratisierung muss immer wieder die innere Demokratisierung hinzukommen, die Akzeptanz ihrer Prinzipien durch die Gesellschaft. Die beste Ordnung nützt nichts, wenn sie von den Menschen nicht gelebt wird. Demokratie funktioniert auf Dauer nur mit Demokraten. Auf gedrucktes Gesetzespapier ist kein Verlass.

Der demokratische Staat kann die Grundlagen, auf denen er steht, nicht garantieren; im Gegenteil: Er steht auf ihnen.[33]

Demokratie ist ein Wagnis der Freiheit. Mitbürger, die die demokratische Herrschafts- und Gesellschaftsordnung mit wirtschaftlicher Prosperität identifizieren, bringen etwas Grundsätzliches durcheinander. Die Einführung einer Demokratie nach westlichem Vorbild in der Bundesrepublik erfolgte in zeitlicher Kohärenz zum sogenannten Wirtschaftswunder. Manche Autoren sprechen davon, dass die Akzeptanz der westdeutschen Bevölkerung für die Demokratie ökonomisch erkauft worden sei. Auch der Westen erlag einem Mythos: Wohlstand für alle durch Wachstum für immer. Es handelt sich dabei meines Erachtens um eine Wahnvorstellung, deren Durchsetzung nur auf der Grundlage der Vernichtung der natürlichen Lebensgrundlagen der Menschheit erfolgen kann. Es scheint einen inneren Zusammenhang zwischen der Liberalität offener Gesellschaften und demokratischer Staaten einerseits und wirtschaftlicher Prosperität andererseits zu geben. Gleichwohl sehen wir, dass demokratische Staaten in einen ökonomischen Abwärtsstrudel geraten können – und, ebenso bemerkenswert, dass es ökonomisch aufstrebende Staaten auf dem Globus gibt, die von der Demokratie so weit entfernt sind wie Europa von der Chinesischen Mauer.

Dass wir Demokraten sind, beweist sich nicht dadurch, dass wir ökonomisch gut dastehen. Wohl eher gilt das Gegenteil: Dass wir überzeugte Demokraten sind und unerschütterlich an den Werten, Maßstäben, an den rechtlichen und sozialen Errungenschaften der Demokratie festhalten, beweist sich in Zeiten ökonomischer Schwierigkeiten.

Mir scheint: Die innerdeutschen Schwierigkeiten des Zusammenwachsens von Ost und West »im Kleinen« spiegeln die sich »im globalen Großen« abspielende Auseinandersetzung zwischen einer freiheitlichen, gemeinwohlorientierten, sozialorientierten, demokratischen, an der Würde jedes Menschen und an den Menschenrechten orientierten Politik einerseits und einer autoritären, neoliberalen, von wirtschaftlichen Interessen dominierten, nationalistischen, in Teilen rassistischen und zivilisatorisch rückwärtsgewandten Politik andererseits. Wenn dem so ist, dann steht die Demokratie auf dem Spiel.

Exkurs: Eine Reise nach Jamel

Es war im Dezember 2015. Meine Frau und ich hatten uns nach den anstrengenden Monaten des Jahres zu einem Kurzurlaub aufgemacht. Unser Reiseziel war Wismar. Die Stadt gehört neben Stralsund und Greifswald gewiss zum Sehenswertesten, das die Ostseeküste für architektonisch und historisch Interessierte zu bieten hat.

In der Heiligen-Geist-Kirche stieß ich zum ersten Mal auf eine Reproduktion der »Stalingradmadonna«, eines Marienbildes, das der Lazarettmaler Kurt Reuber 1942 in Stalingrad malte und das während der Kesselschlacht mit einem der letzten Transportflugzeuge ausgeflogen wurde und so nach Deutschland gelangte. Ich wüsste nicht, wann ich jemals zuvor oder jemals danach einer Anti-Kriegs-Darstellung begegnet wäre, welche eine zarte Innerlichkeit einerseits und expressiven Protest gegen den Krieg andererseits so authentisch in sich vereinigt hätte wie die Stalingradmadonna.

Wir nahmen uns Zeit für einen Abstecher nach Lübeck. Auf der Landstraße gen Westen, ganz in der Nähe von Grevesmühlen, sahen wir ein Straßenschild, das in Richtung Jamel wies. Der Ortsname löste in mir die unbehagliche Erinnerung an eine Diskussion über »rechtsfreie Räume« und über die sogenannten »national befreiten Zonen« in Deutschland aus. Zunächst war es die reine Neugier, die uns dazu brachte, rechts abzubiegen. Wenig später kam das gezielte politische Interesse dazu. Wir fuhren fünfzehn Kilometer, bis wir in das »Sackgassen-Dorf« kamen. Uns wurde klar: Hier gibt es nur eine Straße hinein und hinaus, ein und dieselbe, eine unbefestigte und der Nässe wegen verschlammte Straße.

Es regnete in Strömen. Bereits der in Handarbeit entstandene Wegweiser am Ortseingang sprach eine deutliche Sprache. Die folgenden Orts- und Entfernungsangaben waren zu lesen: Braunau a. Inn 855 km, Wien/Ostmark 908 km, Breslau 570 km, Paris 1547 km. Die rotbraun unterlegte Malerei an der Fassade eines niedrigen Gebäudes informierte über die politische Verfassung dieses Ortes: »Dorfgemeinschaft Jamel, frei – sozial – national«. Ihre graffitiartige Darstellung illustrierte die Aussage. Sie zeigte eine fünfköpfige Familie in harmonischer Eintracht. Die Frau trug ein im Nacken geknotetes Kopftuch. Der Mann erinnerte auf eklatante Weise an einen sich auf Heimaturlaub befindlichen Wehrmachtsoldaten. Der Haarschnitt des Jungen war kurz und streng gescheitelt. Das Mädchen trug ein Kopftuch wie die Mutter. Diese wiegte ein neugeborenes Kind im Arm.

Unterwegs war mir der Name eines Hamburger Ehepaars eingefallen, von dem ich gehört hatte, dass es mehr oder weniger ahnungslos nach Jamel gezogen war, allein und isoliert im »Nazi-Dorf« ausharrte und auf dessen Scheune im August 2015 ein Brandanschlag verübt worden war: Birgit und Horst Lohmeyer. Meine Frau und ich nahmen uns vor, im Dorf nach diesem Ehepaar zu fragen und, wenn man uns keine Auskunft geben würde, nach ihm zu suchen. Uns interessierten die Ansicht der Lohmeyers und ihr Leben hier in dieser Gegend. Noch stärker als dieses Interesse jedoch war der Wunsch, die beiden kennenzulernen und ihnen unsere Anerkennung auszusprechen.

Als wir mit unserem Auto auf der unbefestigten Straße in einem Kreisverkehr am Ende des Dorfes angekommen waren, stieg ich aus und schaute nach den Namenschildern an den Häusern. Den Namen »Lohmeyer« konnte ich nicht finden. Menschen waren nicht zu sehen. In fast jedem Vorgarten bellte ein Schäferhund. Ansonsten war es still. Grau, nass und still.

Sollten wir aufgeben? Meine Frau, die im Auto sitzen geblieben war, schlug vor, in eine Nebenstraße zu fahren, die sie außerhalb des Dorfkerns entdeckt hatte, und dort zu suchen. In diesem Moment öffnete sich eine Tür. Ein untersetzter, glatzköpfiger Mittdreißiger trat aus dem Haus und fragte mich, was ich hier wolle. Ich sagte ihm, dass wir nach den Lohmeyers suchten und nicht wüssten, wo diese wohnen. Er verwies mich auf eine Nebenstraße und ging zurück ins Haus. Ob es Sven Krüger war, mit dem sich dieser kurze Wortwechsel ergeben hatte? Sven Krüger gilt als einer der bekanntesten und berüchtigtsten Rechtsextremisten Deutschlands.[34] Er betreibt das »Abrißunternehmen Krüger. Abbruch – Demontagen – Schrott«. In der Mitte des Firmenlogos prangt ein großer kräftiger Mann, der mit einem Vorschlaghammer einen Davidstern zertrümmert.

Viele Wochen nach unserem Besuch in Jamel gelang es mir, den zuständigen Polizeidirektor Dr. Michael Peters[35] ans Telefon zu bekommen und ihn zur Situation in Jamel zu befragen. Einige Monate später erlebte ich ihn bei einer Diskussionsveranstaltung in Dresden. Michael Peters berichtete detailliert, nachvollziehbar und glaubwürdig, wie der sukzessive und scheinbar unaufhaltsam fortschreitende Rückzug nahezu aller Institutionen (Schule, Verwaltung, Polizei, ÖPNV und so weiter) aus den dünn besiedelten Flächen des Landes staats- und demokratiefreie Räume hinterlassen hat. Er verwies auf die Unachtsamkeit kommunaler Behörden. Diese hatten nicht erkannt, dass der systematische An- und Verkauf und die Verpachtung von Grundstücken durch bekennende Rechtsextremisten in abgelegenen Gebieten mit dem Ziel erfolgt waren, eine weltanschaulich homogen geprägte und hermetisch abgeschlossene Zone zu schaffen. Michael Peters verwies außerdem darauf, dass die Behörden selbst dann, als sie dies erkannt hatten, nicht über ausreichende rechtliche Mittel verfügten, diese Käufe und Verpachtungen zu verhindern. Der Polizeidirektor machte an konkreten Beispielen klar, wie ein der freiheitlichen demokratischen Grundordnung verpflichteter Polizeibeamter einerseits die Grundrechte jedes Bürgers – auch die des Rechtsextremisten – beachten und verteidigen und andererseits eine klare widerständige Haltung denen gegenüber zeigen kann, die ebendiese Ordnung mit den Instrumenten dieser Ordnung abzuschaffen versuchen. Unserem Land sind von Herzen mehr Polizisten und Beamte vom Schlag eines Michael Peters zu wünschen.

Aber zurück nach Jamel: Nach einigem Suchen fanden meine Frau und ich das Haus des Ehepaars Lohmeyer. Wir klingelten. Birgit Lohmeyer öffnete uns, und wir konnten ein paar Minuten mit ihr sprechen. Sie bestätigte unumwunden das, was ich gelesen hatte und was wir vor Ort sahen und empfanden: Das Dorf Jamel ist bewohnt von Menschen, die man nahezu vollzählig als völkisch denkende Neonazis bezeichnen muss. Das Ehepaar Lohmeyer lebt isoliert und wird auch von den direkten Nachbarn, die sich ihnen gegenüber als »unpolitisch« und »neutral« bezeichnen, abschätzig behandelt und nach Möglichkeit gemieden. Birgit Lohmeyer erzählte, dass es im Dorf vergleichsweise viele Kinder gebe. Sie gehen außerhalb Jamels zur Schule (im Ort selbst gibt es keine), nach Unterrichtsschluss aber fahren sie sofort nach Hause und halten sich von da an ausschließlich unter ihresgleichen auf. Den Kontakt zu Lohmeyers haben die Eltern ihren Kindern untersagt.

Im August 2015 brannte die unmittelbar neben dem Wohnhaus des Ehepaars stehende Scheune nieder. Nach polizeilichen Angaben wurde das Feuer vorsätzlich gelegt.

Die Ermittler fanden Spuren von Brandbeschleuniger. Die Täter sind bis heute nicht ermittelt. Meine Frau und ich fragen uns nach dem Besuch bis heute, was das Ehepaar Lohmeyer eigentlich noch in Jamel hält. Die öffentliche und politisch unterstützte Solidarisierung ist ihnen zum Glück sicher, zum Beispiel im Rahmen des Festivals »Jamel rockt den Förster«.[36] Doch im täglichen Leben in Jamel fühlt sich diese Unterstützung schon anders an, wenn sich die Nacht über das abgelegene Dorf senkt und der letzte aus der Ferne angereiste Sympathisant der Lohmeyers wieder abgereist ist.

Das Verhängnis einer visionslosen Politik: schwarze Null und schwarze Löcher

Es war Gregor Gysi, der Frontmann der Partei Die Linke; er brachte es in einem TV-Interview im Dezember 2017 auf den Punkt: »Was wir jetzt in der Politik dringend brauchen, ist eine Idee.«

Als ich dies hörte, erinnerte ich mich an den Ausspruch Helmut Schmidts, mit dem er 1980 Willy Brandts Bundestagswahlkampf kommentiert haben soll: »Wer Visionen hat, sollte zum Arzt gehen« – und auf den ich gern erwidert hätte: »Wer keine Visionen hat, der braucht auch nicht mehr zum Arzt zu gehen.«

Die »schwarze Null« ist in den vergangenen Jahren zum sarkastisch kommentierten Inbegriff einer vermeintlich seriösen, konservativen und soliden Politik geworden. Solange es um Haushaltspolitik geht, kann man der »schwarzen Null« möglicherweise etwas abgewinnen. Aber selbst da stellt sich die Frage, ob und inwieweit das sparsame Haushalten an sich ein vernünftiges Ziel darstellt, wenn sich die Einsparerei ausschließlich auf die Staatsfinanzen bezieht.

Was nützt es der Generation der Kinder und Enkel, wenn ihr die Generation der Großeltern und Eltern neben einem ausgeglichenen Staatshaushalt eine marode Infrastruktur und ein heruntergewirtschaftetes Bildungswesen hinterlässt?

Was nützt den Kindern und Enkeln ein ausgeglichener Staatshaushalt, wenn immer mehr ihrer Eltern und Großeltern in die Altersarmut und in den Pflegenotstand geraten und sie dann zuständig sind, wo der Staat sich aus seiner Pflicht stiehlt?

Bezüglich eines Staats- oder Gemeindehaushalts könnte man der »schwarzen Null« dann etwas abgewinnen, wenn die Politik nicht von dieser Null dominiert würde. Eine Politik ohne Visionen, Ideen, Ziele und Utopien halte ich für unseriös, unsolide, tendenziell reaktionär und lähmend. Es ist eine entpolitisierte Politik. Wird sie vielleicht sogar gemacht von Politikern, die sich nicht für Politik interessieren?

Neben den Kämpfern für die »schwarze Null« im Haushalt, die man ihres Kampfgeistes wegen schätzen und mit denen man sich auseinandersetzen kann, begegnen mir immer mehr »schwarze Löcher«: Politiker, bei denen ich partout nicht erkennen kann, wofür sie brennen und kämpfen. Sie meiden den offenen Streit um das bessere Argument, sie gehen ihren politischen Gegnern aus dem Weg, sie sedieren Wahlkämpfe, sie absorbieren die politische Energie und lähmen den Enthusiasmus ihrer Anhänger.

Politologen führen die kontinuierlich sinkende Wahlbeteiligung in Deutschland unter anderem darauf zurück, dass die Parteizentralen von einer sachpolitisch zuspitzenden Mobilisierung der eigenen Wählerschaft abraten und einer entpolitisierenden Demobilisierung der Wählerschaft der politischen Gegner zuraten. Diese Strategie ist in machtpolitischer Hinsicht offenbar erfolgreich. Der Akzeptanz der repräsentativen Demokratie fügt sie schweren Schaden zu.

Bei der Wahl zum Sächsischen Landtag 2014 lag die Beteiligung bei 49 Prozent. Die Tatsache, dass sich die danach gebildete regierende »große« Koalition auf nur 51,8 Prozent der Wählerstimmen stützt, heißt, dass sie politisch nur von circa einem Viertel der Bevölkerung getragen wird. Man muss kein Freund der direkten Demokratie sein, um angesichts dieser schädlichen Praxis nachzuvollziehen, dass immer mehr Menschen nach unmittelbaren Mitbestimmungsformen verlangen. Gesellschaften sind immer im Fluss. Sie können sich nicht *nicht* entwickeln. Der Fluss der Gesellschaft, in der wir leben, scheint immer schneller zu fließen. Umso mehr braucht sie längerfristige Visionen, und Ideen und die Definition politischer Ziele. Welche das sind, liegt natürlich in der Verantwortung all ihrer Mitglieder. Maßgeblich hängt sie ab vom Diskurs in der Politik, die sich ihrem Wesen nach dadurch auszeichnet, das Persönliche und das Private jeweils in den Kontext des Ganzen zu stellen und die öffentlichen Angelegenheiten im Hinblick auf das Gemeinwohl zu gestalten. Dabei kann sie sich nie nur auf die Vergangenheit oder nur auf die Gegenwart beziehen. Sie muss die Zukunft antizipieren und die richtigen Weichen stellen. Wie sollte das gehen ohne Visionen, Ideen und Ziele?

Problematisch und gefährlich würde es erst dann, wenn Politiker versuchten, ihre Vorstellungen ohne oder gar gegen die Gesellschaft zu entwickeln oder mit den Mitteln der Macht, der Gewalt und des Betrugs durchzusetzen.

Wie und wo entstehen Visionen, Ideen und Ziele? Und woher kommt die Motivation, diese zu entwickeln und voranzubringen?

Ich teile die Überzeugung und das Menschenbild vieler Pädagogen, dass es grundsätzlich nicht nötig ist, den Menschen zur motivieren. Der Mensch ist in aller Regel aus sich selbst heraus motiviert. Der Mensch will die Wirklichkeit entdecken. Der Mensch will Neues entwickeln, Gutes tun und Schönes gestalten. Die Kunst besteht darin, niemanden zu demotivieren. Eltern und Lehrer, die ihre Kinder und Schüler nach dem Prinzip behandeln: Wir wissen schon, was gut für euch ist, wirken demotivierend. Politiker, die sich selbst überschätzen und auf jede denkbare Frage sofort eine Antwort haben, wirken demotivierend. Jeder, der sich im oben beschriebenen Sinn verhält und dessen Handeln vom Ziel der eigenen Machterhaltung bestimmt wird, wirkt demotivierend. Politiker hingegen, die wahrhaftig sprechen und handeln, die offen sind für die Wahrheit im Argument ihres politischen Gegenübers, die zuhören und bereit sind, Denkblockaden zu lösen und politische Tabus zu brechen, geben den notwendigen Raum für die Entwicklung von Visionen, Ideen und Zielen, solange ihre Wahrhaftigkeit und ihre Offenheit grundsätzlich weder kalkuliert noch simuliert sind.

»Grundsätzlich« bedeutet eine Einschränkung, weil wohl in jedem Menschen ein Schauspieler steckt, der die Wirkung seines Redens und Handelns bedenkt und antizipiert. Je kälter die Berechnung allerdings wird, je abgebrühter ein Mensch in jede denkbare Rolle zu schlüpfen bereit ist und je geschickter er sie spielt, umso verheerender sind die Konsequenzen für seine Umgebung, für die Betroffenen und wohl auch für ihn selbst. Neuere Untersuchungen über Adolf Eichmann[37] legen dar, dass er in der Gerichtsverhandlung, die in Jerusalem von April bis November 1961 über ihn und seine Verbrechen in der Nazi-Zeit geführt wurde, die Rolle des bloßen Befehlsvollstreckers spielte – in der Hoffnung, dadurch ein milde Strafe zu erwirken.[38] Das Böse in seiner vollendeten Ausprägung ist also nicht banal, wie es Hannah Arendt beschrieben hat, sondern hochkomplex, zutiefst amoralisch, konsequent destruktiv und innerlich leer.[39] Nun muss und darf man sicher nicht mit Eichmann-Vergleichen kommen, wenn man vor den aktuellen Gefahren einer visions-, ideen-, utopie- und zielentleerten Politik warnen will. Diese Vergleiche verbieten sich. Andererseits frage ich mich, ob das Verhalten mancher Spitzenpolitiker mit dem Begriff der »narzisstisch gestörten Persönlichkeit« schon hinlänglich beschrieben ist. Die Psychologen mögen helfen![40]

Es genügt, sich Gedanken und Sorgen darüber zu machen, was es für das demokratisch verfasste Gemeinwesen bedeutet, dass es anscheinend immer mehr schwachen Persönlichkeiten gelingt, politische Spitzenämter zu besetzen. Viele von ihnen scheinen leer, andere ausgebrannt. Manche sind derart eng mit ihrer Funktion oder Machtposition verwachsen, dass sie von dieser nicht mehr lassen können. Die Entwicklung von neuen Ideen, Visionen und Zielen, die der Gesellschaft eine erstrebenswerte Orientierung geben und die notwendige Motivation zur Mitwirkung freisetzen, bedingt freie und mutige Geister, mit anderen Worten kreative, profilierte, kritikfähige und unabhängige Persönlichkeiten. Solchen gelingt es nicht, sich durch den nach oben immer dünner werdenden Flaschenhals einer Partei zu zwängen. Böse Zungen behaupten, die inzwischen üblich gewordene Laufbahn eines Politikers beginne im Kreißsaal und gehe durch den Hörsaal direkt in den Plenarsaal. Andere weisen darauf hin, dass der Einfluss der Parteivorsitzenden und Vorstände auf die interne Vergabe der aussichtsreichsten Listenplätze vor Bundestags- und Landtagswahlen eine effektive Disziplinierung darstelle, die es Idealisten und Querdenkern nahezu unmöglich mache, politische Karriere zu verfolgen. Was spricht dagegen, die Parteiversammlungen, in denen die entsprechenden Listen zusammengestellt werden, öffentlich durchzuführen und Quereinsteigern zu ermöglichen, sich auch noch zu einem späten Zeitpunkt zu bewerben? In einer Lebens- und Arbeitswelt, die von vielen Menschen Mobilität und Flexibilität zwingend erfordert, sehen sich viele – auch politisch Interessierte – schlicht nicht in der Lage, längerfristig ortsgebundene Verbindlichkeiten einzugehen. Die mangelnde äußere Durchlässigkeit für Quereinsteiger und die mangelnde innere Akzeptanz für Querdenker führen dazu, dass die Attraktivität der Parteien sinkt. Sie wirken wie ein Kartell der politischen Meinungs- und Willensbildung.

In der DDR habe ich gelernt, dass ein politisches System,

das den freien Geist unterdrückt, auf Dauer keinen Bestand hat. Für das, was ich »Geist« nenne, kenne ich keine bessere Definition als die von Albert Görres: »Geistiges Bewusstsein ist jenes Moment an der Existenz des Menschen, kraft dessen er sein Erleben und Verhalten vor dem Horizont der Gesamtwirklichkeit des Seienden … stellen kann, ja, immer schon gestellt sieht. Geist ist die Kraft eines Lebewesens, das viele Einzelne, seine Zusammenhänge, Bezüge und Gesetze, sinnlich Fassbares, sinnlich nicht Fassbares und das größte Ganze bei sich denkend zu versammeln, sich zu vergegenwärtigen. Das kann die bloße sinnliche Wahrnehmung nicht. Geist ist weiter die Kraft, durch den Hinblick auf das Ganze, seine einzelnen Sinnlinien und eine etwa zu fassende Gesamtordnung des Seins sich auch motivieren zu lassen und zu handeln.«[41]

Der Autor weist darauf hin, dass der Geist das eigentliche Glücksinstrument des Menschen ist, einfach deshalb, weil der Mensch nur im Geistigen zu sich selbst findet – sprich: dann, wenn er frei und vernünftig handelt. Man nennt dies auch Verantwortung. Versprechen wir ein billigeres Glück, betrügen wir andere und uns selbst. Görres formuliert es in Anlehnung an Platons berühmtes Höhlengleichnis wie folgt:

»Der Geist ist die einzige Öffnung des Höhlengefängnisses, aus der heraus der in der Höhle Gefesselte Anteil am Ewigen und Göttlichen finden kann. Nur von daher gewinnt er die Möglichkeit, alle negativen Lebenserfahrungen, Schmerz, Frustration, Verzicht, Krankheit, Leid und Tod, Bosheit und Unrecht, in Frieden und Freude zu transformieren. Geist ist der Glückstransformator, der jeden Lebensstoff verwerten kann.«[42]

Wenn Kommunikationswissenschaftler heutzutage von »Echokammern« sprechen, in denen sich viele Menschen bewegen und innerhalb derer sie ausschließlich mit Meinungen und Argumenten konfrontiert werden, die sie bereits kennen und teilen, ist wohl etwas Ähnliches gemeint. Diese Kammern müssen geöffnet werden.

Ich habe in der DDR gelernt, dass es unbedingt darauf ankommt, mit dem eigenen Kopf zu denken und niemals mit dem Kopf des Vorsitzenden, und das Denken niemals einer Ideologie oder einer Partei zu unterwerfen. Ich habe gelernt, skeptisch zu sein, wenn Politiker lange Monologe halten, in denen sie erklären, dass es »uns« in »unserem« Land doch sehr gut gehe, wenn sie offene Diskussionen unterdrückt oder simuliert haben. Ich habe gelernt, mich nicht zufriedenzugeben mit dem Hinweis auf das Große und Ganze, das vom Einzelnen nicht verstanden werden könne, weil es zu komplex sei, und dass ich mir dennoch keine Sorgen machen müsse, weil es diejenigen, die das Große und Ganze höheren Orts betrachten und lenken, schließlich gut meinen. Ich habe gelernt, mich nicht zufriedenzugeben, als man mir versprach, sich um meine persönlichen Bedürfnisse zu kümmern. Welch erbärmliches Versprechen! Ich war jung. Meine persönlichen Bedürfnisse wollte ich mir weder vom Staat noch von sonst jemandem befriedigen lassen. Außerdem gab es Wichtigeres als meine Bedürfnisse. Ich habe gelernt, dass das Glück nicht jenseits von Geistesgegenwart und persönlicher Verantwortung gefunden werden kann. Ich habe gelernt, dass die Geschichte von konkreten Menschen gemacht wird und auf die freie und verantwortungsvolle Mitwirkung jedes Einzelnen angewiesen ist, auf jeden einmaligen und einzigartigen, mit Geist und freiem Willen ausgestatteten Menschen, dem ein großartiges, schwieriges und anspruchsvolles Erbe zugefallen ist.

Ich habe gelernt, dass es darauf ankommt, geistesgegenwärtig zu sein, das heißt zu versuchen, das Ganze im Zusammenhang zu sehen, und immer wieder zu fragen, was warum geschieht und wer dafür verantwortlich ist. Ich habe gelernt, die großen Worte zu hinterfragen. Ich habe erkannt, dass es sich bei ihrem Gebrauch sehr oft um Floskeln oder Totschlagargumente handelt, die nur scheinbar alles klären, in Wirklichkeit alles vernebeln und dazu dienen, jede Nachfrage und jeden Widerspruch im Keim zu ersticken.

Das in dieser Hinsicht wirksamste Wort in der DDR war das Wort »Fortschritt«. Die heutzutage wirksamsten Worte sind »Wachstum« und »Globalisierung«. Es handelt sich dabei nicht nur um Floskeln, Totschlagargumente und politische Taktiken, sondern auch um Mythen. Dass Mythen mächtig sind, ist keine neue Erkenntnis. Dass sich Entmythologisierungsprozesse als langwierig, schmerzhaft und keineswegs unumkehrbar erweisen, ist ebenfalls nicht neu. Mythen beziehen ihre Überzeugungskraft aus dem Bedarf der Menschen nach Sinn und Orientierung. Das einmal begonnene Projekt Aufklärung ist nicht abgeschlossen und nicht abschließbar. Es ist nicht damit getan, dass die alten Idole vom Sockel geholt und die alten Mythen entzaubert werden, denn es entstehen immer wieder neue. Wenn es den politisch Verantwortlichen nicht gelingt, den Menschen in einer komplizierten und für sie unübersichtlich gewordenen Welt vernünftige Erklärungen und glaubwürdige Perspektiven so zu vermitteln, dass sie diese verstehen und akzeptieren können, oder, noch besser, diese gemeinsam mit ihnen zu entwickeln, wird es zwangsläufig zum Aufleben alter und neuer Mythen kommen, zum Aufstieg alter und neuer Demagogen. Die »schwarze Null« darf das politische Handeln nicht länger dominieren, und den »schwarzen Löchern« darf es nicht länger gelingen, freie und mutige Geister zu absorbieren.

Wie sagte Gregor Gysi? »Was wir jetzt in der Politik dringend brauchen, ist eine Idee.«

Der Sozialismus ist eine Idee, die im autoritären, tendenziell totalitären und repressiven Staat DDR ad absurdum geführt wurde. Aber auch eine ideen-, visions- und sinnentleerte Demokratie, wie wir sie heute erleben, deren Politik sich vorrangig an ökonomischen Kategorien ausrichtet, droht in weiten Kreisen der Bevölkerung ihren Kredit zu verspielen. Andererseits ist der Kapitalismus keine Idee, die bei vernünftigen Menschen Begeisterung hervorrufen könnte. Er breitet sich aggressiv aus und bedroht die natürlichen Lebensgrundlagen der Menschheit. Der Kapitalismus interessiert und befriedigt den homo oeconomicus in seinem Bedürfnis, die Wirtschaft effektiv zu gestalten.

Es ist nicht verwunderlich, dass sich viele ehemalige DDR-Bürger fragen, ob sie die Fatalität des Ostens gegen die Banalität des Westens eingetauscht haben. Diese Menschen haben einen Systemwechsel erlebt und sind möglicherweise weniger betriebsblind. Sie sind besonders allergisch einem Politikbetrieb gegenüber, der sich in einem Raumschiff abspielt und Alternativlosigkeiten propagiert.

Die süffisanten Schlussworte des Ex-DDR-Ministers Hempf in Florian Henckel von Donnersmarcks Film »Das Leben der Anderen« trifft die Stimmungslage vieler Ostdeutscher. Der Minister spricht sie zu dem Schriftsteller Georg Dreyman, den er früher von der Stasi bespitzeln ließ. Die Szene spielt zu einem Zeitpunkt, an dem die DDR bereits nicht mehr existiert.

Zu viele Erinnerungen, was?
Mir ging's genauso; ich musste auch raus.
Aber was höre ich von Ihnen?
Nichts mehr geschrieben seit der Wende.
Das find ich nicht gut.
Nach allem, was unser Land in Sie investiert hat.
Im Grunde verstehe ich Sie, Dreyman.

Was soll man noch schreiben in dieser BRD?
Nichts mehr, woran man glauben kann.
Nichts mehr, wogegen man rebellieren kann.
Es war schön in unsrer kleinen Republik.
Das verstehen viele erst jetzt.

Exkurs: Eine Reise nach Barth

Es war im September 2017. Wieder einmal war Urlaub. Wieder einmal hatte es meine Frau und mich nach »M/V« (Mecklenburg-Vorpommern) gezogen, diesmal in ein Dorf südlich des Bodstedter Boddens. Die Gegend eignet sich hervorragend zum Durchatmen, zum Abstandgewinnen, zum Fahrradfahren und zum Stillsein – also, mit anderen Worten: zum naturnahen Menschsein ohne politische, intellektuelle und kulturelle Verrenkung.

Eine besondere Entdeckung war das benachbarte Städtchen Barth mit seiner imposanten St. Marienkirche und einem professionell betriebenen und der Öffentlichkeit zugänglichen Kirchenarchiv. Beim Gang durch die Fußgängerzone begegnete uns dann auch noch Angela Merkel: Plakate und Aufsteller mit dem Gesicht einer fröhlichen und elegant gekleideten Bundeskanzlerin luden uns ein zur Wahlkampfveranstaltung am nächsten Tag. Die Wahl zum Bundestag stand unmittelbar bevor, und wir befanden uns mitten in ihrem Wahlkreis! Daran hatten wir bei der Wahl unseres Urlaubsortes nicht gedacht. Nun standen wir vor der Frage: Fortsetzung der Entspannung oder frühzeitiger Neustart in die Politik? Meine Frau und ich entschieden uns für Letzteres, schon wegen des Regenwetters, aber auch wegen der Neugier auf die Botschaft, welche die mächtigste Frau der Welt ihrem Wahlvolk wohl zu verkünden habe.

Um es gleich vorweg zu sagen: Unsere Enttäuschung hätte größer nicht sein können. Am Anfang des Vormittags stand das lange Warten auf dem gähnend leeren Marktplatz von

Barth. Von einer überdimensioniert großen und viel zu hohen Bühne dudelte Larifari-Musik. Zahlreiche Ordner mit orangefarbenen Halsbändern bewachten die »VIP-Zone«. Diese war vor der Bühne eingerichtet, mit beweglichen Metallzäunen abgesperrt und mit Holzbänken bestückt, wie man sie landauf, landab aus Biergärten kennt. Die Ordner waren nicht zu beneiden. Über mehrere Stunden hinweg hatten sie nichts zu tun. Die VIP-Zone blieb leer. Es gab nichts zu ordnen und nichts zu kontrollieren. Ihre Tätigkeit bestand darin, unentwegt zu telefonieren. Auch die vielen Polizisten, die sich in kleinen Gruppen über den Platz verteilt hatten, langweilten sich. Da die Uhrzeit, zu der die Veranstaltung hätte beginnen sollen, bereits verstrichen war und es wieder zu regnen begann, entwickelte sich die Geduldsprobe, der wir uns unterzogen hatten, langsam zu einem Akt der Verzweiflung. Trotzig harrten wir aus. Wir wollten die Bundeskanzlerin sehen. Jetzt oder nie. Und wir wollten nicht umsonst ausgeharrt haben. Plötzlich füllte sich der Platz wie von Geisterhand. Ein Mann betrat die Bühne. Er kündigte die Ankunft der Kanzlerin an. Sie werde sich aufgrund wichtiger Termine um eine weitere halbe Stunde verspäten. Und dass man großes Verständnis dafür habe. Inzwischen würden er und der Kreisvorsitzende der CDU die wichtigsten politischen Positionen und Projekte vortragen. Mich überraschte der Hinweis des Mannes, »nur die CDU macht eine menschliche Politik«, und dass »die anderen« genau dies nicht täten. Man müsse das einmal ganz deutlich sagen und »die anderen« schon wegen ihrer Unmenschlichkeit bekämpfen. Außerdem sei es Deutschland doch noch nie so gut gegangen wie heute. Allen anderen »um uns herum« ginge es schließlich sehr viel schlechter als Deutschland.

Mein Verdacht, dass ihm dieser Gedanke besonderes Vergnügen zu bereiten schien, mag meiner zunehmend schlechter werdenden Stimmung geschuldet gewesen sein. Immerhin: Er bekam keinen Beifall; auch der Kreisvorsitzende nicht. Das Ganze verlief in merkwürdiger Stille. Ebenso wenig Aufmerksamkeit bekam ein älterer Herr, der beharrlich auf einer Trillerpfeife blies. Er hatte sich gegenüber der Bühne etwas im Hintergrund aufgebaut und schrie »Volksverräter« und »Alles Lüge!«. Dann verstummte er, als wäre nun alles gesagt. Die Einzigen, die sich für ihn interessierten, waren die anwesenden Journalisten.

(An den darauffolgenden Tagen konnte man in der regionalen und überregionalen Presse lesen, dass die Bundeskanzlerin bei ihren Auftritten wiederholt gestört und angepöbelt worden sei und dass man dies verurteilen müsse, weil es zur Demokratie dazu gehöre, einander zuzuhören. Na ja.)

Nach etwas mehr als einer Stunde Wartezeit, meine Frau und ich waren inzwischen äußerlich durchnässt und innerlich zermürbt, erschien sie schließlich: Angela Merkel, die Kanzlerin der Bundesrepublik Deutschland, die Führerin Europas, die mächtigste Frau der Welt kam nach Barth, ins beschauliche Vorpommern. Sie ging an uns vorbei. Keine zwei Meter und lediglich einige Bodyguards, Polizisten und die besagten Ordner mit den orangefarbenen Halsbändern trennten uns von ihr. Ich sah zwischen ihnen hindurch und erblickte eine müde und traurig wirkende Frau. Aus den Lautsprechern plärrte blöde Musik. Die Anwesenden, es mögen circa dreihundert Menschen gewesen sein,[43] klatschten verhalten.

Angela Merkel betrat die Bühne. Ihrem gerade noch so müden Gesicht gelang tatsächlich ein Freudestrahlen. Sie freue sich, in ihrer Heimat so freundlich begrüßt zu werden, sagte sie. Sie freue sich, mit dem Orts- und Kreisvorsitzenden der CDU in Vorpommern großartige Mitstreiter an ihrer Seite zu wissen, betonte sie. Die Stadt Barth habe sich – wie das Bundesland insgesamt – prächtig entwickelt.[44] Die Renovierung der Marienkirche und die Sanierung der Innenstadt seien ein hervorragender Ausdruck dafür. Sie setze sich persönlich dafür ein, dass die Eisenbahnverbindung nach Zingst wieder aufgenommen werde. Bundesverkehrsminister Alexander Dobrindt habe in den vergangenen Wochen die entsprechenden Bewilligungsbescheide ausgeteilt. Auch befürworte sie ausdrücklich, dass das Barther Kinderfest ins immaterielle Weltkulturerbe aufgenommen wird. Das Jahr 2015 dürfe sich »so nicht wiederholen«,[45] und der von der CDU gestellte Innenminister werde effektiv dafür sorgen, dass Diebe verfolgt und »mit der ganzen Härte des Gesetzes« bestraft werden. Im Konkreten ging es um Wohnungseinbrüche, die sich in der Gegend häuften und für die auch die Kanzlerin nun das typische »Law and Order«-Vokabular der »ganzen Härte des Gesetzes« anwandte, wie es viele Politiker in den ländlichen Regionen des Landes auf ihren Wahlkampfveranstaltungen taten. »Wohnungseinbrüche sind keine Kavaliersdelikte.« Das waren – im Wesentlichen – die Botschaften der Kanzlerin an die Barther Wählerschaft. Ihre Ansprache mochte etwas mehr als eine halbe Stunde gedauert haben. Sie erhielt einen anständigen Abschlussapplaus. Von Begeisterung weit und breit keine Spur.

Der alte Herr hinter uns trillerte wieder auf seiner Pfeife. Inzwischen klang es wie das Pfeifen im Walde, und zwar mehr nach Beifall, weil die Sache zu Ende war, als nach Protest gegen die Worte.

Als die Bühne leer war und sich die Besucher bereits auf den Heimweg machten, eilte die Kanzlerin tatsächlich noch einmal ans Mikrofon. Hoffnungsvoll wandten auch wir uns um. Was war ihr wohl noch eingefallen? Was wollte sie ihren Wählern in M/V in diesen Zeiten als Botschaft noch mitgeben?

Angela Merkel, die Bundeskanzlerin, teilte den Anwesenden mit, dass sie noch für einige Minuten am Bühnenrand zur Verfügung stehe für Gespräche und Autogramme. Interessenten sollten sich bitte beeilen, denn viel Zeit bleibe nicht.

Das war er also gewesen, der Auftritt der Angela Merkel im Bundestagswahlkampf 2017, ein Auftritt in ihrem eigenen Wahlkreis – so wie ich ihn erlebt und gesehen habe. Wie gesagt, die Enttäuschung hätte größer nicht sein können. Ich fühlte mich intellektuell beleidigt.

Ich hatte kein Wort gehört zum Kampf gegen die Klimaerwärmung, kein Wort zum Bevölkerungsschwund im Osten Deutschlands, kein Wort zu den betrügerischen Steuervermeidungsstrategien der Superreichen in unserem Land, kein Wort zur Bildungsungerechtigkeit im staatlichen Schulsystem und zum Lehrermangel, kein Wort zum Auseinanderdriften der Gesellschaft und keines zur wachsenden Altersarmut. Standpunkte ihrer Kontrahenten hatte sie nahezu vollständig ignoriert und es zudem vermieden, sich mit den kontroversen Positionen auch nur ansatzweise auseinanderzusetzen.

Was ich von ihr gehört hatte, war eine Antiwahlkampf-Wahlkampfrede.

Auch eine Erklärung ihrer Entscheidung vom September 2015, die Zehntausenden in Ungarn und Österreich gestrandeten Flüchtlinge ins Land zu lassen, unterblieb. Der Wahlkampf wäre eine hervorragende Gelegenheit gewesen, zu erläutern und zu begründen, warum sie diese tief greifende, in jeder Hinsicht nachhaltige Aussage damals getroffen hat. Auch ein Wort der Entschuldigung für offensichtliche Fehler hätten die meisten Anwesenden gerne gehört und es ihr sogar abgenommen.

Warum nur erklärt sie sich nicht? Wovor hat sie Angst? Vor dem Wahlvolk? Selbst in ihrem eigenen Wahlkreis?

Sind diese Fragen respektlos?

Ist meine Kritik zu hart?

Ein Kommentator im Rundfunk, dessen Namen ich leider vergessen habe, stellte einen Vergleich an: Die Rolling Stones versetzten ihr Publikum derart in Begeisterung, dass nach dem Konzert alle wild entschlossen waren, ein Instrument zu erlernen, um irgendwann einmal selbst auf der Bühne zu stehen. Angela Merkel verströmt von der Bühne herab derart viel Unmut und Langeweile, dass kein Mensch im Publikum auf die Idee käme, sich politisch zu betätigen, um irgendwann selbst einmal auf der Bühne zu stehen und eine Wahlkampfrede zu halten.

Wenn es zutrifft, dass diese Art der Kommunikation zur Entpolitisierung und infolgedessen zur Stärkung der Extreme an den politischen Rändern der Gesellschaft beiträgt, dann kann eine einzelne Person nicht verantwortlich gemacht werden. Jeder, der sich dies gefallen lässt, ist mitschuldig. In der Demokratie ist jeder Mensch im Hinblick auf seine politische Funktion grundsätzlich austauschbar, nur ein Einziger ist es nicht: der Bürger. Wenn er es vermeidet oder gar ablehnt, sich um das Gemeinwohl zu sorgen und den richtigen politischen Weg auszudiskutieren, verfällt die Demokratie. Theoretisch, provokant und zugespitzt formuliert, könnten wir – nach entsprechender Änderung des Grundgesetzes – auch auslosen, wer die nächste Bundeskanzlerin/der nächste Bundeskanzler wird. Das wäre keineswegs undemokratisch. Natürlich bräuchte die ausgeloste Person dann die Beratung durch das Parlament, durch Experten und durch die Bürger – genauso, wie die amtierende Bundeskanzlerin diese braucht.

WELT.N24 berichtete am 25. September 2017, dass die CDU im Wahlkreis Vorpommern-Rügen/Vorpommern-Greifswald I 32,9 Prozent, also 55.114 Stimmen erhielt. Frau Dr. Angela Dorothea Merkel erhielt im Wahlkreis 44 Prozent der Erststimmen. Damit siegte sie vor Leif-Erik Holm (AfD), 19,2 Prozent der Erststimmen, und Karin Kerstin Kassner (DIE LINKE), 15,9 Prozent, und vertritt den Wahlkreis im Deutschen Bundestag. Die Wahlbeteiligung lag bei 70,4 Prozent, das waren 5,8 Prozent unter dem Bundesdurchschnitt.

Was tun?

Die Gesellschaft braucht neue Ideen, Visionen und Ziele, die Orientierung geben und Zusammenhalt stiften. Ohne diese verliert die freiheitliche demokratische Grundordnung ihre Überzeugungskraft. Die Pluralität der Gesellschaft, die in dieser Ordnung angelegt ist und gesichert wird, braucht ein Fundament von Gemeinsamkeiten, auf die sich alle verlassen können. Um zusammenzuhalten, braucht die Gesellschaft ebenso den sozialen Ausgleich. Das Auseinanderdriften verschiedener Milieus, die nahezu nichts mehr miteinander zu tun haben, sowie die breit geöffnete Schere zwischen sehr Wohlhabenden und sehr Armen sind Spaltpilze für den Zusammenhalt der Gesellschaft.

Wir brauchen eine offen und möglichst breit geführte Auseinandersetzung über neue Ideen, Visionen und Ziele und über die Art und Weise unseres Zusammenlebens.

Kann es so etwas geben, wie ein »gesamtgesellschaftliches Brainstorming«? Ich meine: ja.

In den Jahren nach der Wiedervereinigung, also dem Beitritt der neuen Länder in den Geltungsbereich des Grundgesetzes, keimte kurzzeitig die Frage auf, ob denn nun die Zeit gekommen sei für eine gesamtdeutsche Verfassungsdiskussion. Die Frage wurde rasch ins politische Abseits geschoben mit dem Hinweis auf die Güte und Tragfähigkeit des Grundgesetzes und die Tatsache, dass die aktuellen politischen und gesellschaftlichen Aufgaben dafür keine Zeit ließen. Dass große Teile der Bevölkerung im Osten Deutschlands der politischen Ordnung der Bundesrepublik nach wie vor skeptisch und distanziert gegenüberstehen, hängt mit dieser nicht stattgefundenen, auf den Sankt Nimmerleinstag verschobenen Diskussion zusammen.

Die Bundesrepublik hat bis heute keine von der gesamten deutschen Bevölkerung beschlossene Verfassung.[46] Spätestens dann, wenn die proklamierte Idee von den »Vereinigten Staaten von Europa« in eine ernsthafte politische Debatte eingeführt wird, stellt sich die Frage nach einer Volksabstimmung. Die Tatsache, dass es auf nationaler Ebene bisher keine Elemente der direkten Demokratie gibt, wird von vielen Bürgern als Misstrauen des Staates ihnen gegenüber empfunden. Oft werden Positionen von Politikern ihrem Volk gegenüber im Grundton der Herablassung vermittelt. Viele der Repräsentanten des Staates sehen nicht ein, warum sie ihre Forderungen und Maßnahmen begründen sollen. Müsste es nicht prinzipiell umgekehrt sein? Müssten nicht die Mandatsträger und Verteidiger der repräsentativen Demokratie begründen, warum sie den Bürgern ein Mehr an direkter Demokratie vorenthalten?

Ein gesellschaftliches Brainstorming, das in eine verfassungsgebende Versammlung münden würde, könnte die besten Ideen zutage fördern und einer breiten Öffentlichkeit zugänglich machen. Oft kommen sehr gute Ideen von Menschen, die sich nicht oder nur indirekt politisch betätigen. Auffällig viele Künstler, Techniker, Handwerker, Unternehmer, Wissenschaftler und andere Intellektuelle in Deutschland äußern sich gegenüber der Politik in unserem Land missbilligend. Viele halten sie ganz grundsätzlich für ein »schmutziges Geschäft«. Unkenntnis und Abstinenz in punkto Politik und politische Teilhabe gibt es keineswegs nur bei den sogenannten »bildungsfernen Schichten«.

Eine breite gesellschaftliche Debatte könnte das Defizit beheben und die gewünschten Ideen und Visionen zutage fördern. Von Rupert Neudeck,[47] den ich in den letzten Jahren seines Lebens mehrfach treffen durfte, stammt der Satz: »Es ist die Bestimmung eines reichen Landes, Menschen in Not beizustehen und ihnen Hilfe zur Selbsthilfe zu gewähren.« Er hatte eine Idee von der Bestimmung Deutschlands. »Bestimmung« – wer sonst wagt sich an diese Kategorie heran?

Es gibt viele Neudecks, deren Visionen und Ideen in eine qualifizierte und nicht nur beiläufig geführte Debatte einfließen müssten. Wenn an deren Ende die gemeinsame Erkenntnis stünde, dass das Grundgesetz in keinem einzigen Paragrafen geändert und um keinen einzigen ergänzt werden müsste, dann hätten wir ein gesellschaftliches Bewusstsein auf hohem Niveau.

Zwei der maßgeblichen Leitsprüche eines leider viel zu früh verstorbenen Freundes lauteten: »Nur wer gegen den Strom schwimmt, erkennt, wie viel Unrat mit dem Strom schwimmt«,[48] und: »Behörden und politische Apparate sind in der Regel damit überfordert, die Probleme der Vergangenheit zu bearbeiten. Wenn es um die Gegenwart und die Zukunft geht, agieren sie irritiert und konfus.«

Es entspricht auch meiner Erfahrung, dass neue Ideen nur dann entstehen, wenn Denkblockaden durch gezielte Tabubrüche gelöst oder Innovationen von außen angestoßen werden.

Anfang Oktober 1989 eskalierte die Gewalt auf den Straßen Dresdens. Am 4. Oktober hatten sich Hunderte ausreisewillige DDR-Bürger im und vor dem Dresdner Hauptbahnhof versammelt. Sie hatte die trügerische Hoffnung, auf die Züge aufspringen zu können, die von Prag kommend in die Bundesrepublik fuhren. Was sie erlebten, war, dass diese Züge auf Nebengleisen an ihnen vorbeigelenkt wurden. In ihrer Verzweiflung demolierten die Ausreisewilligen die Inneneinrichtung des Bahnhofs und warfen Steine auf Polizisten, die den Bahnhof abgeriegelt hatten. Von diesem Tag an kam es allabendlich zu Demonstrationen in der Dresdner Innenstadt. Die Polizei trieb die Menschenmenge regelmäßig auseinander.

Je näher der 7. Oktober – der vierzigste Jahrestag der DDR – heranrückte, desto brutaler ging die Polizei gegen die Demonstranten vor. Es gab in der ersten Oktoberwoche 1989 über 1000 Verhaftungen, oft willkürlich und unter Einsatz von Schlagstöcken und Hundestaffeln. Als ich am 8. Oktober selbst in einen Polizeikessel geriet und annehmen musste, verhaftet zu werden, entschloss ich mich gemeinsam mit einem Freund, das Gespräch mit der Polizei zu suchen und um ein Gespräch mit dem Oberbürgermeister zu bitten. Wir gerieten an einen leitenden Beamten, der seit fünf Tagen im Einsatz war und die Sinnlosigkeit des Versuches erkannt hatte, das politische Problem mit polizeilichen und gewaltsamen Mitteln zu lösen. Er sicherte uns freien Abgang zu. Noch auf der Straße gründeten mein Freund und ich die »Gruppe der 20«, die erste oppositionelle Gruppierung, mit der der Staat verhandeln würde. Der Polizist veranlasste ein Telefonat mit Oberbürgermeister Wolfgang Berghofer. Berghofer stand unter dem Eindruck einer Intervention von Landesbischof Hempel,[49] der die Einstellung der polizeilichen Maßnahmen forderte. Der Oberbürgermeister stimmte einem Gespräch mit den Demonstranten am nächsten Morgen im Rathaus zu. Innerhalb eines Tages war aus einer von Depression und Gewalt geprägten Stadt eine demokratische Stadt geworden, in der die sich bis dahin unversöhnlich gegenüberstehenden Kontrahenten in Verhandlungen eintraten.

Warum löste sich die Blockade? Weil alle Beteiligten ihr Verhalten änderten und bis dahin geltende Tabus brachen.

Lange nach den Ereignissen vom Herbst 1989, im Februar 2011, gab es wieder gewalttätige Auseinandersetzungen in Dresden. Im zeitlichen Umfeld des 13. Februar, der in Dresden regelmäßig als Gedenktag an die Zerstörung der Stadt im Zweiten Weltkrieg begangen wird und als solcher umstritten ist, griffen Rechtsextremisten und Neonazis unter anderem ein alternatives Wohnprojekt mit Steinen und Molotowcocktails an. Es ist ein Wunder, dass niemand zu Tode kam.

Die zur gleichen Zeit von Linksautonomen ausgeübte Gewalt richtete sich vor allem gegen die Polizei. In dieser Zeit hatte es seitens der Behörden eine flächendeckende Funkzellenabfrage gegeben. Die Linken empfanden diese Maßnahme als datenschutzrechtlichen Übergriff und als politische Kampfansage. So war die Stimmung in der Stadt aufs Äußerste geladen, und ein Funke hätte genügt, das Pulverfass aus Befindlichkeiten beider Seiten in die Luft zu jagen.

Die Menschen in der Stadt standen unter Schock. Wie ließe sich jemals verhindern, dass sich solche Dinge am 13. Februar 2012 wiederholten?

Der amtierende Oberbürgermeister Dirk Hilbert brach ein Tabu, indem er sich Hilfe von außen holte. Er bat mich, eine aus über fünfundzwanzig Vertretern höchst unterschiedlicher politischer und zivilgesellschaftlicher Gruppierungen bestehende Arbeitsgruppe (AG) zu moderieren. Diese hatte die Aufgabe, den kommenden Gedenktag zu organisieren. Gemeinsam mit einer Kollegin kam ich seiner Bitte nach. Dass Dirk Hilbert sich an mich gewandt hatte, mochte damit zusammenhängen, dass er zu diesem Zeitpunkt unter einer politischen Doppelbelastung stand: Hilbert vertrat die erkrankte Amtsinhaberin und war zugleich Bürgermeister für Wirtschaftsförderung. Er hatte aber auch unabhängig davon ein gutes Gefühl dafür, dass er sich selbst zurücknehmen musste, um der erforderlichen gesellschaftlichen Debatte den dafür nötigen Freiraum zu geben. So nahm er den eigenen Kontrollverlust bewusst in Kauf und initiierte und ermöglichte einen emanzipatorischen Verständigungsprozess.

Bei der ersten Zusammenkunft der AG gewann ich einen höchst zwiespältigen Eindruck. Einerseits äußerten sich alle Beteiligten politisch korrekt. Andererseits erweckten sie nicht den Eindruck, ihre wahren Intentionen preiszugeben. Meine Kollegin und ich begannen, mehr als zwanzig Gespräche mit jeweils gegensätzlichen Seiten zu führen, meist Sechs- oder Acht-Augen-Gespräche. Damit erreichten wir tatsächlich die von uns verfolgten Ziele: Vertrauen herzustellen, die unter der offiziellen Decke wabernden Konflikte und Kontroversen zu erkennen und die Gemeinsamkeiten der Kontrahenten zu identifizieren. Auf dieser Grundlage konnten wir ein Konsenspapier erarbeiten. Dieses wurde – freilich nach langem Verhandeln – von allen Beteiligten unterzeichnet. Die anfängliche Blockade löste sich tatsächlich durch einen Satz, dem alle zustimmten:: »Es stört uns, dass in der Öffentlichkeit der Eindruck entsteht, dass die Art und Weise, wie unsere politischen Gegner mit dem 13. Februar umgehen, moralisch höherwertig ist als die Art und Weise, wie wir mit dem 13. Februar umgehen.«

Mit anderen Worten: Ursprünglich waren alle Kontrahenten am Tisch nur um ihr öffentliches Ansehen besorgt gewesen. Erst als es gelungen war, die politischen, juristischen und sozialen Unterschiede, über die keine Brücke hätte gebaut werden können, außen vor zu lassen, konnte verhandelt werden. Eine Basis des wechselseitigen Respekts vor dem guten Willen der politischen Gegner führte schließlich zu tatsächlich angenehmen und konstruktiven Gesprächen.

Die Tage um den 13. Februar 2012 verliefen friedlich. Die Gesellschaft der Stadt Dresden hatte sich zusammengefunden und den Extremisten gemeinsam widerstanden. Ich habe aus dieser Erfahrung gelernt, dass es blockierte Prozesse der politischen Meinungs- und Willensbildung gibt, die nur mit der Hilfe glaubhafter und allseitig akzeptierter externer Moderatoren gelöst werden können.

Warum findet das, was schon seit Jahrzehnten in Ehen, Familien, Abteilungen, Firmen, Teams et cetera selbstverständlich praktiziert wird und als erfolgreiches Instrument der Konfliktbearbeitung eingeführt ist, im politischen Kontext nur so selten statt? Hätte eine über- beziehungsweise allparteiliche Moderation nicht auch den Verhandlungen in Berlin über eine mögliche Jamaika-Koalition[50] gutgetan?

Ich habe außerdem gelernt, dass sich auch die härtesten politischen Kontrahenten, die sich normalerweise im Gegeneinander profilieren (oder meinen, profilieren zu müssen), durchaus *miteinander* profilieren können und müssen, wenn es um die elementaren Angelegenheiten unseres Zusammenlebens wie zum Beispiel die Demokratie und die Gewaltfreiheit geht. Dabei kommt es darauf an, die öffentliche Anerkennung des Zusammenstehens so zu organisieren, dass alle davon profitieren. Für die SPD auf Bundesebene war es in der vergangenen Legislaturperiode verheerend, dass die CDU nahezu alle öffentlichen Aufmerksamkeits- und Anerkennungspunkte für sich verbuchen konnte, obwohl die SPD der politisch aktivere und kompromissbereitere Part innerhalb der Großen Koalition war. So etwas geht nicht gut, es zerstört Vertrauen.

Wenn sich die Freunde der Demokratie untereinander zerstreiten, wenn sie ihre Verantwortung für die Demokratie nicht geschlossen und solidarisch demonstrieren, dann profitieren davon die Feinde der Demokratie. Politische Kontrahenten können und müssen sich öffentlich streiten. Sie können und müssen ihre Unterschiede allerdings so darstellen, dass dabei ihre Gemeinsamkeiten zutage treten. Ich halte das

»agree to disagree« für eine politische Kulturleistung. Wir sind uns einig, dass wir uns nicht einig sind. Wir streiten hart in der Sache und bleiben als Menschen gut beieinander, weil uns eine demokratische Überzeugung verbindet und die Basis des Zusammenlebens erhalten bleibt.

Seit Jahren steht das Bildungssystem Deutschlands in der Kritik. Der immense Lehrermangel in vielen Ländern markiert ein eklatantes Staatsversagen. Dieser Vorwurf gilt außerdem dem Unvermögen beziehungsweise dem mangelnden politischen Willen der Kultusministerkonferenz und den Kultusministerien in den Ländern, die Schulsysteme und Lehrinhalte so aufeinander abzustimmen, dass Eltern und schulpflichtigen Kindern im Fall eines Umzugs innerhalb Deutschlands ein bildungspraktischer Albtraum erspart bleibt. Der Fortschritt hinsichtlich der Annäherung – von Angleichung kann keine Rede sein – verläuft im Schneckentempo. Der bundesrepublikanische Föderalismus verliert in der Bevölkerung durch nichts mehr an Akzeptanz als durch den bildungspolitischen und schulpraktischen Wirrwarr. Auch hier liegt die Blockade eines politischen Meinungs- und Willensbildungsprozesses vor, die von den Beteiligten selbst und innerhalb des föderalen Systems offenbar nicht gelöst werden kann. Obwohl alle diesen Auswuchs als Kleinstaaterei beklagen, tut sich seit Jahren (fast) nichts. Die Zahl der Freilerner nimmt zu. Genaue Zahlen sind schwer zu erfassen. Es scheint immer mehr Eltern zu geben, die sich bewusst und unter Inkaufnahme schwieriger rechtlicher Konsequenzen dafür entscheiden, ihre Kinder weder in eine staatliche Schule noch in eine Schule in freier Trägerschaft zu schicken. Sie trauen dem Bildungssystem nicht zu, die vom Staat selbst formulierten Bildungsansprüche zu erfüllen. Sie sehen nicht ein, warum ihre Kinder morgens unausgeschlafen aufstehen müssen, um ewig lange Schulwege zurücklegen zu müssen und abends übermüdet nach Hause zu kommen. Viele Eltern der Freilerner-Kinder weisen darauf hin, dass sie aus finanziellen Gründen keine Schule in freier Trägerschaft in Anspruch nehmen können. Das staatliche Institut Schule ist das finanziell, personell und logistisch größte staatliche Institut in den Ländern. Es versagt in den Augen vieler Eltern, Schüler und auch Lehrer, weil ihm über viele Jahre hinweg sowohl die angemessene Würdigung durch die Politik als auch eine damit verbundene ausreichende finanzielle Ausstattung vorenthalten wurden. Kurzfristig ist eine Lösung nicht in Sicht. Der Kampf der Länder um ausreichend und qualifizierte Lehrer ist in vollem Gange – ein weiteres Armutszeugnis des Föderalismus im technisch fortgeschrittenen 21. Jahrhundert.

Vielerorts wird nichts anderes übrig bleiben, als dass Bürgermeister, Gemeinderäte und ortsansässige Vereine, Freundes- und Förderkreise einspringen müssen, um staatliche Fehlleistungen zu kompensieren. Man kann nur auf positive Auswirkungen dieser Bereitschaft und auf das Selbstbewusstsein der Bewohner in den vielen kleinen Städten und Dörfern hoffen.

In einer Veranstaltung des Sächsischen Bildungsinstituts berichtete Professor Andreas Helmke von der Universität Koblenz-Landau, dass im Zusammenhang eines PISA[51]-Tests auch untersucht wurde, in welchem zeitlichen Verhältnis sich die durchschnittliche Redezeit der Lehrer zur Redezeit der Schüler verhielt. Bei einer Befragung zur Selbstwahrnehmung äußerten Lehrer, das Verhältnis läge bei 70 Prozent eigene Redezeit zu 30 Prozent Redezeit der Schüler. Das tatsächlich festgestellte Verhältnis lag nach Aussage des Referenten bei 90 Prozent zu 10 Prozent. Als ich zufällig und eher beiläufig einem Berufsschullehrer von ebenjenem Untersuchungsergebnis berichtete, protestierte er spontan und meinte, in seinem Unterricht sei das nicht so, da läge das Verhältnis bei einhundert zu null. Es sei, wie es sei. Er müsse eh alles selber vortragen, seine Schüler seien ja gar nicht in der Lage, etwas Sinnvolles zum Unterricht beizutragen. Das klang sehr arrogant, und nach dieser Aussage war mir nicht zumute, nachzufragen, welchen Beitrag diese Form von Unterricht wohl dazu leiste, aus Berufsschülern mündige, selbstbestimmte und verantwortlich handelnde Demokraten und Staatsbürger zu machen.

Diese Anekdote mag ein Einzelfall sein. Es ist allerdings einer, der ein grundsätzliches Problem illustriert. PISA orientiert und reduziert die öffentliche Wahrnehmung unseres Bildungswesens auf ausgewählte Untersuchungsgegenstände. Im Vordergrund stehen die elementaren Kulturtechniken sowie informationelle und technische Fähigkeiten der Schüler. Andere, wie zum Beispiel die musische, die ästhetische, die ethische und die politische Bildung, werden entweder nicht untersucht oder öffentlich nicht angemessen wahrgenommen. Die wesentlichen Fähigkeiten zu Empathie und Perspektivwechsel, die sich ihrer Natur nach einer Messbarkeit entziehen und keinem Ranking unterworfen werden, geraten völlig aus dem Blickfeld. Im Ergebnis dieser Entwicklung, die seit circa fünfzehn Jahren anhält, entsteht der Eindruck, dass die PISA-Ergebnisse die Qualität unseres Bildungssystems widerspiegeln. Dass dies kein Zufall ist, sondern der Erfolg einer groß angelegten Strategie zur Durchsetzung eines ökonomistischen Menschenbildes in Bildung und Erziehung,[52] ist mehrfach beschrieben, dringt aber öffentlich nicht durch. Die »PISAisierung« von Bildung und Erziehung wird durch permanente Kommunikation der neuesten PISA-Ergebnisse und deren Kommentierung beispielsweise durch Kultusministerien vorangetrieben. Da ein demokratisch verfasster Staat nur funktionieren kann, wenn seine Bürger demokratisch gebildet sind, das heißt die politischen und die ethisch-geistigen Grundlagen des Gemeinwesens kennen, akzeptieren und verinnerlicht haben, stellt die zunehmende Konzentration auf PISA eine für unser Zusammenleben gefährliche Entwicklung dar. Sie legt die Axt an das vom Judentum, vom Christentum, vom Humanismus und von der Aufklärung geprägte Menschenbild. Sie gefährdet den sozialen Zusammenhalt. Das Humane generiert und regeneriert sich nicht von selbst. Es muss gepflegt, geschützt und verteidigt werden.

Eine außergewöhnliche und dabei sehr schöne Idee hatten vor einigen Jahren die Redakteure des Deutschlandfunks. Mitten hinein in die laufende Sendung und zwar so, dass es den Zuhörer unerwartet traf, wurde ein Gedicht zitiert. Der bis dahin laufende Text wurde einfach unterbrochen. Mitten hinein in die Börsenmitteilungen, mitten hinein in die politische Berichterstattung fiel ein Gedankenblitz von Brecht, Goethe, Kästner oder sonst einem geistreichen Erdenbürger. Ich war dem Deutschlandfunk dankbar, dass er mit diesem Sendeformat an eine Dimension der Lebenswirklichkeit erinnerte, die an Raum und Aufmerksamkeit verliert: die Dimension des Freien, Unverfügbaren, des Menschlichen, des Persönlichen des Unberechenbaren und des Unerwarteten. Leider hat der Sender dieses außergewöhnliche Format eingestellt. Ich fand, es war ein Lichtblick im Alltagsgrau.

Ich plädiere dafür, die zunehmende Dominanz von PISA abzuwehren und eine neue Verständigung über die Ziele von Bildung und Erziehung für eine offene und demokratische Gesellschaft herbeizuführen. »Weder der Ameisenstaat noch schrankenloser Egoismus sind die Lebensform der Zukunft, sondern einzig die persönliche Entfaltung im Dienst an der Gemeinschaft.« (Teilhard de Chardin)

Weil Demokratie Auseinandersetzung bedeutet, sich in der Kontroverse darstellt und in Gefahr gerät, wenn Auseinandersetzung vermieden oder nur simuliert wird, möchte ich Folgendes festhalten:

(1) Die gewählten Repräsentanten der Bevölkerung müssen das gesellschaftliche Problem und den politischen Konflikt wahrnehmen, sich ihm stellen, die Prinzipien unseres demokratisch verfassten Gemeinwesens offensiv verteidigen und auf offener Bühne diskutieren. Weil die Demokratie grundsätzlich auf Partizipation und Integration aller basiert, kann die Logik der Ausgrenzung, die einzelne Teile der Bevölkerung gegen andere betreiben, nicht mit einer Logik der Ausgrenzung erwidert werden. Dass der Begriff »besorgter Bürger« als herablassender Spott- und Ausgrenzungsbegriff verwendet wurde, hat viele gekränkt, verhärtet und in die falsche politische Richtung getrieben. So mancher dieser Bürger, die ja immer auch Wähler sind, hat sich spätestens in der Wahlkabine revanchiert. Und selbst die, die sich offensichtlich gesellschaftsfeindlich und ausgrenzend verhalten, bleiben Mitglieder der Gesellschaft. Sie bleiben Mitbürger, Grundrechtsträger und Mitmenschen. Die Gesellschaft kann sie weder aus ihrer Mitte entfernen, noch darf sie sie verloren geben. Sie müssen deutlich und konsequent zur freiheitlichen demokratischen Ordnung (zurück-)gerufen werden, zur besten Ordnung, die Deutschland jemals hatte.

(2) Es ist nicht möglich, mit jedem Menschen, zu jeder Zeit, unter allen Umständen und zu jedem möglichen Thema ins Gespräch zu kommen. Unter bestimmten Umständen sind Gespräche weder möglich noch sinnvoll. Ebenso gilt: Jeder kann mit (fast) jedem anderen ins Gespräch kommen: unter günstigen Umständen, die man gegebenenfalls professionell organisieren muss, bei ehrlichem Interesse, zu einem gemeinsam definierten Thema und auf gleicher Augenhöhe.

Glaubhaft kann ich nur demjenigen widersprechen, mit dem ich zuvor ins Gespräch gekommen bin. Wer von vornherein weiß, mit wem er – aus welchen Gründen auch immer – nicht sprechen kann oder darf, irrt möglicherweise und verschenkt eine Chance, seiner Auffassung Geltung zu verschaffen.

(3) Weil es im demokratischen Diskurs nicht um die Feststellung und Durchsetzung absoluter Wahrheiten geht – von den als unverhandelbar geltenden Menschenrechten einmal abgesehen –, sondern um die Verständigung über gemeinsame Wege und tragfähige Kompromisse, sind die Grundsätze der verbalen Kommunikation und des wechselseitigen Verstehens gültig: Gesagt ist noch nicht gehört; gehört ist noch nicht verstanden; verstanden ist noch nicht einverstanden; einverstanden ist noch nicht überzeugt; überzeugt ist noch nicht getan. Verständigungsprozesse basieren nicht nur auf der Bereitschaft aller Beteiligten, sich auf die Positionen der jeweils anderen einzulassen. Sie brauchen vor allem Zeit und Geduld. Sie funktionieren nicht wie die elektronische Datenübermittlung auf digitaler Grundlage.

Darüber hinaus kann und muss man immer davon ausgehen, dass kein Gespräch ein für alle Mal beendet ist. Die ausgetauschten Worte, die persönlichen Eindrücke und Begegnungen wirken nach. Empathische und zum Perspektivwechsel fähige Gesprächspartner wirken stärker und länger aufeinander ein, als es vordergründig scheint. Politisch und gesellschaftlich Verantwortliche sollten sich ihrer Vorbildfunktion bewusst sein. Ich bin grundsätzlich der Meinung, dass unsere informativ überbordende, hoch beschleunigte und technologisierte, oft anonymisierte, manchmal nur simulierte oder gar vergiftete Kommunikation der Korrektur bedarf. Sie braucht Elementarisierung, Personalisierung und Reduktion. Natürlich gibt es niemanden, der die für alle richtige und dem friedlichen Zusammenleben zuträgliche Dosis an Kommunikation feststellen und anordnen könnte. Ich bin überzeugt, dass sich das gute und menschliche Maß am leichtesten im direkten Gespräch von Mensch zu Mensch bemessen lässt. Auch an eine weitere, im guten Sinne des Wortes menschlich-alltägliche Erfahrung möchte ich erinnern: Selbst beim besten Willen aller Beteiligten können Gespräche und Verständigungsprozesse auch einmal scheitern. Wir haben nicht alle Erfolgsfaktoren »im Griff«. Kommunikation kann schiefgehen. Nicht-Kommunikation wird schiefgehen.

(4) Überzeugte Demokraten sollten trotz allem nicht naiv sein. Es gibt Störenfriede, die das Gespräch belasten. Darüber hinaus gibt es gezielte Provokationen und geschulte Provokateure, die es darauf absehen, die Verständigung zu stören und letztlich zu verhindern. Eingeübten Wortergreifungsstrategien erfolgreich zu begegnen will und muss gelernt sein. Damit dies gelingt, muss die anfangs oft schweigende, bisweilen verängstigte, wohlmeinende, konstruktiv denkende Mehrheit interessiert, gewonnen und zusammengeführt werden. Auf Dauer kann es nur dieser Mehrheit gelingen, die destruktiv denkende und handelnde Minderheit einzuhegen und so in die Schranken zu weisen, die den demokratischen Prinzipien entsprechen. Demokratische Parteien wollen und müssen sich in der Regel gegeneinander und in Abgrenzung voneinander profilieren. In Situationen, in denen die elementaren Prinzipien unseres Gemeinwesens angegriffen werden, müssen sie zusammenstehen und können sich *miteinander* profilieren.

Der aus der historisch-politischen Beschäftigung mit der Weimarer Republik und deren Scheitern abgeleitete Lehrsatz »Wehret den Anfängen!« hat nichts von seiner Gültigkeit verloren. Leider gibt es zahlreiche Beispiele der Geschichtsvergessenheit – in Sachsen, aber keineswegs nur dort –, Beispiele dafür, dass der Widerstand gegen rechtsextremistische Denk-

und Verhaltensmuster viel zu lange unterblieben ist, halbherzig ausgefallen ist und sich manche Wegschauer und Weichspüler dem Verdacht ausgesetzt haben, insgeheim mit diesem Gedankengut zu sympathisieren.

Nachtrag: Demokratie braucht Könige

Platon schreibt in seiner Staatslehre: »Der trefflichste, gerechteste und zugleich glückseligste Mensch ist der, der am meisten königlich gesinnt ist und sich selbst königlich beherrscht.«[53] Platon beschreibt die Idealvorstellung vom Königtum, die es ja nicht nur in der Antike, sondern auch in der Bibel und im europäischen Mittelalter gab. Er lenkt die Aufmerksamkeit des Lesers weg von der ausschließlich systemischen und verfahrenstechnischen Seite einer gerechten Gesellschaftsordnung hin zur subjektiven Seite, die man die Rechtschaffenheit der handelnden Personen nennt. Platon geht davon aus, dass diese Seite außerordentlich wichtig ist. Ethik, Moral, Recht und Politik gehören wesentlich zusammen. Sie können nicht als voneinander unabhängige Funktionen des menschlichen Geistes und Handelns betrachtet werden. Heutzutage hört man gelegentlich einen Satz, der im Kern das Gleiche meint; er lautet schlicht: »Man kann die Demokratie nur mit Demokraten machen.«

Thomas von Aquin, der vielleicht größte Denker des Hochmittelalters, hielt das Königtum für die Herrschaftsform, die am ehesten die Verwaltung des Gemeinwohls gewährleistet. Er fügte allerdings hinzu, dass ungerechte Alleinherrschaft die schlimmste aller Entartungsformen der Herrschaft sei. »Wie die Königsherrschaft das Beste, so ist die Herrschaft des Tyrannen das Schlimmste.«[54] Überrascht hat mich eine andere Aussage. Thomas von Aquin schreibt: »Tyrannei entsteht leichter und häufiger aus der Demokratie als aus der Königsherrschaft.«[55] Warum?

Zur Beantwortung dieser Frage müssen wir nach demjenigen suchen, dem die Sorge um das Gemeinwohl als vorrangige Aufgabe zugefallen ist. Josef Pieper schrieb im Jahre 1964: Träger des Gemeinwohls seien »unmittelbar ... die gewählten Vertreter ... des Volkes, mittelbar sind es die Wähler selbst, wobei ... zu bedenken ist, dass die Wähler kaum einmal direkt als einzelne Individuen tätig sein werden, dass sie vielmehr zu Parteien organisiert sind, die in einem eigenen Mechanismus der Meinungsbildung sowohl die zu wählenden Abgeordneten benennen als auch die konkreten politischen Ziele formulieren. Die entscheidende Eigentümlichkeit der demokratischen Regierungsform liegt ... außer in der Kurzfristigkeit der Delegierung vor allem darin, dass der Repräsentant des sozialen Ganzen ... zugleich der Repräsentant partikulärer Gruppen- und Einzelinteressen ist. Wenn also Regieren besagt, das gemeine Wohl aller zu verwalten, dann ist mit der Bauform der Demokratie für den Einzelnen, den Wähler wie den Delegierten, folgende *extreme sittliche Zumutung*[56] gegeben: dass er auf das Richtbild der gerechten Zuteilung [im Sinne des Gemeinwohls] verpflichtet ist, ohne aufzuhören, an seinem partikulären Recht interessiert zu sein. *Das* Problem ... der modernen Parteiendemokratie ist, konkreter gesprochen, dieses: wie eine Partei dennoch unparteilich sein könne. Ich sage nicht, dass dies unmöglich sei; vielmehr erscheint mir die ... Polemik gegen das Parteiwesen als unreal und ... etwas nicht zu Verantwortendes. Man muss aber sehen, dass hier ein Problem und eine spezifische Gefährdung steckt.«[57]

So weit das Zitat; es stammt – wie gesagt – aus dem Jahre 1964. Wie ist dieser Gefährdung zu begegnen?

Pieper empfiehlt die Erziehung zur Gerechtigkeit. Welches sind die wichtigsten Helfer bei der Erziehung zur Gerechtigkeit? Gute Vorbilder. Wir brauchen in der Demokratie viele Könige im Platon'schen Sinne, königlich Gesinnte, die sich selbst königlich beherrschen. Und wir brauchen diese nicht nur in den Parlamenten, wir brauchen sie in den Verwaltungen, in der Wirtschaft, in den Schulen, in den Medien, in den Familien – schlicht in der ganzen Gesellschaft. Der Mangel an Königen dieser Art wirkt sich besonders dramatisch aus, wenn sich ganze Bereiche des gesellschaftlichen Lebens – wie zum Beispiel die global agierende Wirtschaft – der demokratischen Kontrolle entziehen. So wertvoll die funktionierenden Mechanismen der Machtkontrolle auch sein mögen, von denen die Gewaltenteilung die wichtigste sein mag, so wenig ersetzen diese die Rechtschaffenheit und die Begeisterungsfähigkeit der handelnden Personen. Im »Hyperion«, in Friedrich Hölderlins vor über 150 Jahren verfasstem Briefroman, findet sich ein Satz mit einem leider pessimistischen Gefälle. Er ist so geistreich, dass man ihn auch in eine Ermutigung ummünzen kann: »O ein Gott ist der Mensch, wenn er träumt, ein Bettler, wenn er nachdenkt, und wenn die Begeisterung hin ist, steht er da, wie ein missratender Sohn, den der Vater aus dem Hause stieß, und betrachtet die ärmlichen Pfennige, die ihm das Mitleid auf den Weg gab.«[58]

Das Auseinanderdriften der Gesellschaft, die Aushöhlung der Demokratie und die Glaubwürdigkeitskrise der Politik sind zu einem großen und ernsthaften Problem herangewachsen. Es ist zu wünschen, dass dies von möglichst vielen Menschen erkannt wird. Dieses Problem kann langsam und beharrlich abgebaut werden durch ein auf gegenseitiges Verstehen zielendes Hinhören und durch die auf Konsens und Kompromiss zielende offene Auseinandersetzung.

Danksagung

Ich danke allen, die mir beim Zustandekommen dieser Streitschrift behilflich waren: meiner lieben, klugen und nachdenklichen Frau, meinen Dresdner Freunden Eckart Haupt, Michael Heinicke und Friedrich-Wilhelm Junge sowie Herrn Stefan Linde.

Frank Richter

Anhang

Deutschland 2018, eine politische Lagebeschreibung

1 »PEGIDA« steht für »Patriotische Europäer gegen die Islamisierung des Abendlandes«. Es handelt sich um eine rechtspopulistische Empörungsbewegung. Am 28. 10. 2017 beging die Bewegung den dritten Jahrestag ihrer Gründung. Während der Kundgebung auf dem Dresdner Theaterplatz wurden völkisch-nationalistische Reden vor ca. 3000 Teilnehmern gehalten. Bezüge zu neonationalsozialistischem Vokabular waren eindeutig. Am Anfang der Bewegung demonstrierten bis zu 25.000 Menschen (12. 1. 2015). Ihre Anliegen waren zu diesem Zeitpunkt noch sehr verschieden.

2 Vgl. »Merkels Verdrusswort« in: Frankfurter Allgemeine Zeitung. FAZ.NET vom 18. Januar 2011.

3 Statement von Bundeskanzlerin Merkel vom 1. September 2011, Quelle: Bundesregierung Pressestatements.

4 Grundsatzpapier der »Ökumenischen Versammlung für Gerechtigkeit, Frieden und Bewahrung der Schöpfung«, Hg. Evangelische Kirche Mitteldeutschlands (EKM), Landeskirchenamt, Referat Presse- und Öffentlichkeitsarbeit im Rahmen der Kampagner« 1989/2009 – Gesegnete Unruhe«, 2009.

5 In Heidenau im Landkreis Sächsische Schweiz-Osterzgebirge (Freistaat Sachsen) kam es ab Freitag, dem 21. August 2015, zu fremdenfeindlichen Ausschreitungen, als Heidenauer und zugereiste, teilweise rechtsextreme Sympathisanten gegen eine neu eröffnete Flüchtlingsunterkunft demonstrierten und gewalttätig versuchten, deren Bezug zu verhindern. An den fremdenfeindlichen Protesten beteiligten sich über 1000 Personen. Zwei Abende in Folge kam es zu Angriffen von Rechtsextremisten auf die Polizei und die Unterkunft der Flüchtlinge. Dabei wurden mehrere Dutzend Polizeibeamte verletzt. In der Folge besuchten hochrangige Politiker, darunter Vizekanzler Sigmar Gabriel (SPD) und Bundeskanzlerin Angela Merkel (CDU), das Flüchtlingsheim, um ihre Solidarität mit Helfern und Bewohnern zu demonstrieren.

6 André Poggenburg ist Landesvorsitzender der AfD Sachsen-Anhalt. Seit 2016 gehört Poggenburg dem Landtag von Sachsen-Anhalt an und ist dort als Vorsitzender der AfD-Landtagsfraktion Oppositionsführer gegenüber der Regierung Haseloff. Gemeinsam mit dem thüringischen AfD-Vorsitzenden Björn Höcke verfasste er 2015 das Positionspapier des extrem rechten und völkischen Flügels der AfD, die sogenannte Erfurter Resolution.

7 Welt. N24, 30. 6. 2017.

Das Verhängnis einer optischen Täuschung

8 Ich habe mich zu einem späteren Zeitpunkt öffentlich dafür entschuldigt.

9 S. auch: »Neonazis in Nadelstreifen. Die NPD auf dem Weg in die Mitte der Gesellschaft« von Andrea Röpke und Andreas Speit, Ch. Links Verlag, 2008.

10 Zitat aus einem Brief: »Herr Richter, wenn der Motor stottert, dann baue ich ihn aus und bringe ihn zur Werkstatt. Dort nehme ich ihn auseinander, identifiziere das defekte Teil und ersetze es durch ein intaktes Teil. Danach baue ich den reparierten Motor ein und das Auto fährt wieder. Warum macht die Politik das nicht auch so?«

11 Nach wie vor gibt es in Sachsen viele ernst zu nehmende Problemanzeigen von Bürgern, die bisher keine andere politische Adresse als PEGIDA gefunden haben. Inzwischen propagieren die Organisatoren von PEGIDA und die Redner auf Veranstaltungen lautstark Unterstützung für die AfD.

Das Verhängnis einer unvollendeten Revolution

12 Klaus-Dietmar Henke war von 1997 bis 2013 Inhaber des Lehrstuhls für Zeitgeschichte an der Technischen Universität Dresden.

13 Begriff aus dem Historikerstreit 1986 zwischen dem Historiker Ernst Nolte und dem Philosophen Jürgen Habermas zur Frage, ob Auschwitz ein historisch einzigartiges und alle bisherigen Dimensionen menschlicher Erfahrung sprengendes Ereignis gewesen sei oder nicht.

14 Die Angaben zur zahlenmäßigen Stärke schwanken. Mit Sicherheit kann gesagt werden, dass es sich um das größte Truppenkontingent handelte, das über eine entsprechend lange Zeit (1954 bis 1991) als GSSD (Gruppe der Sowjetischen Streitkräfte in Deutschland) von einer Besatzungsmacht im Ausland stationiert war.

15 Ehrhardt Neubert, Theologe, geb. 1940, DDR-Oppositioneller, Mitbegründer des Bürgerbüros Berlin e. V.

16 »Montagsdemo« – ein Begriff, der in Leipzig entstand und nahezu überall aufgegriffen wurde.

17 Wie z. B. in meiner Heimatstadt Großenhain/Sachsen.

18 Anfang Dezember allerdings nur in den Bezirksstädten der DDR. Die Zentrale des MfS in Ostberlin wurde erst am 15. Januar 1990 von den Oppositionellen besetzt.

19 Walter Momper, 1989 bis 1991 Regierender Oberbürgermeister von Berlin, sprach am 10. November 1989, dem Tag nach dem Fall der Berliner Mauer, vor dem Rathaus Schöneberg. Er wird zitiert mit dem Satz: »Wir Deutschen sind jetzt das glücklichste Volk auf der Welt.«

20 Die Rede ist hier nachzulesen: https://www.aussagekraft.de/heym.html.

21 Zitiert aus Wikipedia, nach: Gabi Zimmermann: Komitee für Gerechtigkeit. In: stefan-heym.de (Onlinepublikation), autorisiert von Inge Heym. Abgerufen am 11. November 2014. Bei aller Unvergleichbarkeit der Fälle: Auch die Mehrheitsentscheidung des Deutschen Bundestags vom April 2017, die Eröffnungsrede künftig nicht mehr vom ältesten Abgeordneten, sondern vom Abgeordneten mit der längsten Dienstzeit halten zu lassen, musste als eine Entscheidung der Mehrheit gegen eine einzelne Partei und gegen einen einzelnen Abgeordneten interpretiert werden. Eigens deshalb, um zu verhindern, dass ein Abgeordneter der AfD die Eröffnungsrede hält, wurde die Geschäftsordnung des Bundestages geändert. Auch die Mehrheitsentscheidung der Abgeordneten vom Oktober 2017, dem Kandidaten der AfD den ihm üblicherweise zustehenden Posten des Bundestagsvizepräsidenten zu verweigern, wurde innerhalb dieser Partei und bei Demonstrationen von PEGIDA als Beweis für das undemokratische Verhalten der Altparteien interpretiert und gefeiert.

22 Ost-West-Forum Gut Gödelitz e. V.

23 Richard Faber, Sagen lassen sich die Menschen nichts, aber erzählen lassen sie sich alles: Über Grimm-Hebelsche Erzählung, Moral und Utopie in Benjaminscher Perspektive. Königshausen & Neumann, Würzburg 2002.

24 Gemeint ist die Treuhandanstalt, eine Anstalt des öffentlichen Rechts, die am 12. Februar 1990 gegründet wurde mit der Aufgabe, die Volkseigenen Betriebe nach den Prinzipien der »Sozialen Marktwirtschaft« zu privatisieren und die Effizienz und Wettbewerbsfähigkeit der Unternehmen zu sichern – oder, wenn nicht anders möglich, diese stillzulegen.

25 Frankfurter Allgemeine Zeitung vom 16. 11. 2017.

26 Universität Leipzig, Institut für Kommunikations- und Medienwissenschaft, Mai 2016.

27 Zu ähnlichen Ergebnissen und Bewertungen kommt die Studie »Ostdeutsche Eliten. Träume, Wirklichkeiten und Perspektiven«, hg. von der Deutschen Gesellschaft e. V., Oktober 2017.

28 Studie »Wer beherrscht den Osten? Ostdeutsche Eliten ein Vierteljahrhundert nach der deutschen Wiedervereinigung« a. a. O., S. 6.

29 Von 1933 bis 1989; also über zwei bis drei Generationen.

30 In die Gesamtbetrachtung ist einzubeziehen, dass nirgendwo in Europa eine solch große Distanz und Indifferenz der Religion gegenüber festzustellen sind wie im Osten Deutschlands.

31 Sozialwissenschaftler vom Göttinger Institut für Demokratieforschung diagnostizieren politische Heimatlosigkeit und weltanschauliche Leere als Ursachen für PEGIDA in den Trümmern des einst roten Sachsen. Vgl. Franz Walter, »Die Tragödie von Freital«, Spiegel Online, 27. 6. 2015.

32 Ein verbreiteter Witz lautete: Die Namen der wichtigsten drei Länder der Welt fangen mit »U« an. Welche sind das? Erstens: die UdSSR. Zweitens: die USA und drittens »Unsere Deutsche Demokratische Republik«.

33 Das Wort von Ernst-Wolfgang Böckenförde, das sprichwörtlich gewordene Böckenförde-Diktum, bringt es auf den Punkt: »Der freiheitliche, säkularisierte Staat lebt von Voraussetzungen, die er selbst nicht garantieren kann. Das ist das große Wagnis, das er, um der Freiheit willen, eingegangen ist. Als freiheitlicher Staat kann er einerseits nur bestehen, wenn sich die Freiheit, die er seinen Bürgern gewährt, von innen her, aus der moralischen Substanz des Einzelnen und der Homogenität der Gesellschaft reguliert. Andererseits kann er diese inneren Regulierungskräfte nicht von sich aus, das heißt mit den Mitteln des Rechtszwanges und autoritativen Gebots zu garantieren suchen, ohne seine Freiheitlichkeit aufzugeben und auf säkularisierter Ebene in jenen Totalitätsanspruch zurückzufallen, aus dem er in den konfessionellen Bürgerkriegen herausgeführt hat.« In: ders., Staat, Gesellschaft, Freiheit. Frankfurt a. M. 1976, S. 60. In der Rezeptionsgeschichte dieses Diktums ist deutlich geworden, dass es in der Konsequenz der These Böckenfördes nicht um eine rückwärtsgewandte Re-Konfessionalisierung oder um die staatliche Restaurierung einer christlich beziehungsweise religiös geprägten Gesellschaft gehen kann, sondern um die Beantwortung der Frage, wo und wie sich die ethisch-geistigen Grundlagen, auf denen der freiheitliche Staat steht, generieren und regenerieren.

Exkurs: Eine Reise nach Jamel

34 Sven Krüger ist Mitglied der NPD. Er ist vorbestraft, unter anderem wegen schwerer Körperverletzung, Einbruchs, Diebstahls und Verwendung verfassungsfeindlicher Symbole.

35 Michael Peters war bis 2016 im Amt. Danach wechselte er nach Stralsund.

36 2007 öffneten die Lohmeyers erstmals die Pforten ihres Forsthofes für das Festival. Unter dem Motto »Rockmusik für Demokratie und Toleranz« versammeln sie seitdem einmal im Jahr Bands der regionalen und überregionalen Musikerszene – mittlerweile auf der großen Waldbühne vor Publikum aus dem gesamten Landkreis.

Das Verhängnis einer visionslosen Politik: schwarze Null und schwarze Löcher

37 Vortrag von Bettina Stangneth, »Eichmann hinter den Spiegeln«; Hrsg. als Hörbuch von der Landeszentrale für politische Bildung Hamburg, 2014.

38 Wenn dem so gewesen sein sollte, dann hat ihm sein Spiel nichts genützt. Das Gericht befand ihn für mitschuldig an der Ermordung von schätzungsweise sechs Millionen vor allem jüdischen Menschen und verurteilte ihn zum Tod.

39 Henriette Kretz, eine in Belgien lebende Jüdin, hat den Holocaust überlebt. In vielen Gesprächen, die ich mit ihr führen durfte, erzählte sie eindringlich, dass sie als Kind die größte Angst empfunden habe vor »SS-Männern mit leeren Augen«. »Ihre Augen waren wie Steine.« Sie habe auch andere SS-Männer in Erinnerung, in deren Augen sie Hass und Wut gesehen habe. Vor denen habe sie weniger Angst gehabt. Sie könne das Phänomen nicht erklären, vermute aber, dass Menschen, die von einer Ideologie völlig erfasst seien, gefühlskalt werden. Sie verlieren nach und nach alles Menschliche, Empathische und Warme oder sie haben es niemals in sich getragen – eine furchtbare Vorstellung. Vgl. Henriette Kretz, »Willst Du meine Mutter sein?«, Dresden, 2013.

40 Siehe z. B.: Erich Fromm, »Anatomie der menschlichen Destruktivität«, 1977.

41 Albert Görres, »Kennt die Psychologie den Menschen?«, in: W. Kasper (Hrsg.): Unser Wissen vom Menschen. Düsseldorf 1977, S. 41 f.

42 Ebd., S. 42.

Exkurs: Eine Reise nach Barth

43 Die Bevölkerung der Stadt Barth lag 2017 bei circa 8700 Einwohnern.

44 Einige ausgewählte Zahlen: Die Bevölkerungszahl im Landkreis Vorpommern-Greifswald lag laut Angaben der Ministerpräsidentin von Mecklenburg-Vorpommern im Jahr 1990 bei 300.081, im Jahr 2015 bei 238.358 Einwohnern. Im Land Mecklenburg-Vorpommern insgesamt hat sich der Anteil der unter Fünfzehnjährigen an der Gesamtbevölkerung von 21,5 Prozent im Jahr 1991 auf 12,3 Prozent im Jahr 2015 verringert. Der Anteil der über Fünfundsechzigjährigen hat sich im gleichen Zeitraum von 11,1 Prozent auf 23 Prozent mehr als verdoppelt. Weit über 95 Prozent der Einwohner geben an, gern in Mecklenburg-Vorpommern zu leben.

45 Eine präzise Erklärung, was sie konkret mit »2015« und »nicht wiederholen« meinte, vermied die Bundeskanzlerin.

Was tun?

46 Selbst die Verfassung der DDR von 1968 wurde durch eine Volksabstimmung legitimiert. Obgleich man die Freiheitlichkeit des Abstimmungsvorgangs bezweifeln kann, ist bemerkenswert, dass sich die Staatsführung vorher vergleichsweise nervös zeigte und es »nur« 94,5 Prozent Zustimmung gab.

47 Er ist 2015 verstorben.

48 Dr. Rudolf Stephan. Er gehörte zu den Erstunterzeichnern des »Rufes aus Dresden« vom 13. Februar 1990, der den Wiederaufbau der Frauenkirche vorschlug.

49 Johannes Hempel, geboren 1929 in Zittau, evangelischer Theologe und ehemaliger Landesbischof der Evangelisch-Lutherischen Landeskirche Sachsens.

50 Im Anschluss an die Bundestagswahl vom 24. September 2017.

51 Programme for International Student Assessment.

52 Vgl. Ursula Frost und Markus Rieger-Ladich (Hrsg.), Demokratie setzt aus. Gegen die sanfte Liquidation einer politischen Lebensform, Paderborn 2012.

Nachtrag: Demokratie braucht Könige

53 Platon, Politeia, IX 580 b-c.

54 Josef Pieper, Das Viergespann, München 1964, S. 132.

55 Ebd.

56 Hervorhebungen im Original.

57 Ebd.

58 Zitiert aus der Reclamausgabe, Leipzig 1970, S. 13.

ISBN 978-3-550-05057-2

Umschlaggestaltung: Sabine Wimmer, Berlin
Umschlagfoto: © SLzpB – Sächsische Landeszentrale
für politische Bildung
Satz: LVD GmbH, Berlin
Gesetzt aus der Adobe Garamond und Gotham
Druck und Bindearbeiten: GGP Media GmbH, Pößneck
Printed in Germany